浙江省古籍普查报告

浙江省古籍保护中心　编

徐晓军　曹海花　童圣江　主编

国家图书馆出版社

图书在版编目（CIP）数据

浙江省古籍普查报告 / 浙江省古籍保护中心编；徐晓军，曹海花，童圣江主编 . —— 北京：国家图书馆出版社，2017.9
  ISBN 978-7-5013-6186-1

  Ⅰ . ①浙… Ⅱ . ①浙… ②徐… ③曹…④童… Ⅲ . ①古籍—调查报告—浙江 Ⅳ . ① G256.1

  中国版本图书馆 CIP 数据核字（2017）第 195590 号

书　　名	浙江省古籍普查报告
著　　者	浙江省古籍保护中心　编
	徐晓军　曹海花　童圣江　主编
责任编辑	南江涛
封面设计	徐新状
出　　版	国家图书馆出版社（100034 北京市西城区文津街7号）
	（原书目文献出版社　北京图书馆出版社）
发　　行	(010)66114536 66126153 66151313 66175620
	66121706（传真） 66126156（门市部）
E－mail	nlcpress@nlc.cn（邮购）
Website	www.nlcpress.com→投稿中心
经　　销	新华书店
印　　装	北京金康利印刷有限公司
版　　次	2017年9月第1版　2017年9月第1次印刷
开　　本	700×1000（毫米）　1/16
印　　张	16.25
书　　号	ISBN 978-7-5013-6186-1
定　　价	88.00元

摘　要

　　浙江省古籍普查从 2007 年开始，至 2017 年 4 月 30 日，基本完成普查工作任务。普查范围为 1949 年前产生的中国传统装帧书籍。普查标准为文字和书影信息双著录，包括索书号、分类、题名卷数、著者、卷数统计、版本、版式、装帧、装具、序跋、刻工、批校题跋、钤印、丛书子目、定级及书影、定损及书影等 16 大项 74 小项的信息。全省参与古籍普查的 95 家藏书单位分属公共图书馆、文物、教育、档案、卫生五大系统。古籍普查工作得到省委省政府的高度重视及各部门的大力支持，省财政投入专项经费一千多万元。在国家古籍保护中心的积极指导和省文化厅的正确领导下，通过对全省古籍存藏情况进行摸底调查、建立项目和经费管理机制、加强普查软硬件建设、加强古籍普查队伍建设和普查信息共建共享等种种措施，上下齐心，奋力拼搏，"秉持浙江精神，干在实处、走在前列、勇立潮头"，全省 95 家藏书单位共计完成普查 337405 部 2506633 册，其中古籍 219862 部 1754943 册（含域外本 1877 部 14522 册）、民国传统装帧书籍 117543 部 751690 册，完成率达到 99.91%，基本完成全省古籍普查工作。通过普查，摸清了全省古籍文化遗产家底，揭示了全省各地区文化脉络，形成了统一的古籍信息数据库，建立了一支遍布全省的古籍保护队伍，为下一步有针对性地开展古籍保护工作奠定了坚实的基础。

目 录

浙江省古籍普查大事记

>> 2007 年

1 月 19 日，国务院办公厅《关于进一步加强古籍保护工作的意见》（国办发〔2007〕6 号）发布，"中华古籍保护计划"正式实施。

2 月 28 日—3 月 1 日，省文化厅副厅长金庚初、浙江图书馆副馆长贾晓东参加全国古籍保护工作会议。会议就全国古籍保护计划的实施提出总体部署、具体要求与任务。

5 月 20 日，全国古籍普查工作研讨班在国家图书馆举办，讨论古籍普查培训的教材、参考图录、管理方式等。浙江图书馆古籍部主任童正伦参会。

5 月 21 日—6 月 8 日，第一期"全国古籍普查培训班"在国家图书馆举办，13 家中央部委直属单位和省级公共图书馆 36 名业务人员参加。浙江图书馆王巨安、童圣江参加。

5 月 25 日，国家古籍保护中心揭牌仪式在国家图书馆文津厅举行，浙江图书馆党委书记、副馆长应长兴，办公室主任徐晓军应邀参加。

7 月，浙江省文化厅同意在浙江图书馆挂牌"浙江省古籍保护中心"。

8 月 3 日，由文化部主办、国家古籍保护中心承办的全国古籍保护试点工作会议在北京京西宾馆召开，正式成立全国古籍保护工作专家委员会，并确定了从全国各个系统和不同层面的古籍收藏单位中选择出来的 57 家古籍保护工作试点单位，同时对全国古籍保护试点工作进行部署。浙江图书馆、杭州图书馆、宁波市天一阁博物馆、温州市图书馆、绍兴图书馆等 5 家单位被列为试点单位。

8 月 26 日，浙江省文化厅向本省各地市文化行政主管部门转发《浙江省文化厅关于第一批国家珍贵古籍名录和全国古籍重点保护单位申报工作的通知》。

9 月，全省各试点单位开始通过填写古籍档案表进行古籍普查。

9 月 6—14 日，由国家古籍保护工作专家委员会副主任、中国社会科学院研究员史金波，陕西省图书馆古籍部主任杨居让，国家古籍保护中心办公室刘明等三人组成的文化部古籍保护工作督导组来浙，就浙江省 5 家古籍保护工作试点单位的试点工作开展督导。

9 月 14 日，浙江省古籍保护中心举办《国家珍贵古籍名录》和"全国古籍重点保护单位"申报培训班。

>> 2008 年

1 月，浙江图书馆编纂的《浙江家谱总目提要》荣获浙江省第十四届哲学社会科学优秀成果"基础理论研究类"一等奖。

3 月 1 日，国务院正式公布第一批《国家珍贵古籍名录》（2392 部）和"全国古籍重点保护单位"（51 家）（国发〔2008〕9 号），浙江省共有 101 部珍贵古籍和 2 家藏书单位入选。

3 月 29 日—4 月 1 日，浙江省古籍保护中心和浙江图书馆教育中心举办"明清古籍鉴定和著录高级研讨会"，全国 16 个省市包括公共图书馆、高校图书馆、博物馆和出版社在内的 60 多家单位 90 多名从事古籍工作的负责人和业务骨干参加。

5 月 27 日—7 月 3 日，第一期"全国古籍鉴定与保护高级研修班"在国家图书馆举办，全国各个系统 35 家古籍藏书单位的 35 位古籍部负责人或业务骨干参加。浙江图书馆古籍部副主任张素梅、绍兴图书馆古籍部主任王燕飞、宁波市天一阁博物馆典藏研究部主任饶国庆参加。

6月14日—7月27日，由文化部主办、国家图书馆（国家古籍保护中心）承办的大型公益性展览"国家珍贵古籍特展"在国家图书馆古籍馆举办，浙江省共有8家收藏单位的27种珍贵古籍参展。

6月24—26日，浙江省古籍保护中心和浙江图书馆教育中心举办"碑帖拓片鉴定与著录高级研修班"。全国博物馆、图书馆及浙江省公共图书馆系统的古籍工作业务人员60余人参加。

7月28日，全国古籍保护工作会议在京召开，会议举行第一批《国家珍贵古籍名录》颁证暨第一批"全国古籍重点保护单位"授牌仪式。省文化厅社文处调研员王淼、绍兴图书馆馆长赵任飞代表浙江省接受全省"国家珍贵古籍"证书，浙江图书馆古籍部主任徐晓军、宁波市天一阁博物馆馆长虞浩旭接受"全国古籍重点保护单位"铭牌。

8月31日—9月5日，国家古籍保护中心在北京举办第二期"全国古籍普查平台"应用软件系统登记培训，浙江图书馆童圣江、谢凯，杭州图书馆仇家京、赵力，宁波市天一阁博物馆刘云、周慧惠参加。

10月21日—11月10日，国家古籍保护中心和浙江省古籍保护中心在杭州联合举办第二期"全国古籍鉴定与保护高级研修班"。来自全国20个省市自治区公共图书馆、高校、博物馆、档案馆及科研系统28家单位的44名学员参加。

11月，浙江图书馆完成古籍目录回溯建库。

12月，浙江省机构编制委员会批准在浙江图书馆增挂"浙江省古籍保护中心"牌子。

12月22—25日，国家古籍保护中心在国家图书馆举办第一期"全国古籍普查平台管理人员培训班"，浙江图书馆王敏参加。

>> 2009 年

2月19日—3月6日，国家古籍保护中心和上海图书馆在上海联合举办第一期"全国碑帖鉴定与保护研修班"，浙江图书馆童圣江、浙江省博物馆桑椹、宁波市天一阁博物馆李开升、绍兴图书馆鲁先进等参加。

4月，浙江图书馆开始未编书编目工作。2014年2月完成。

4月13日，全国古籍保护工作会议在嘉兴市召开，文化部副部长周和平，文化部社会文化图书馆司副司长刘小琴，国家图书馆副馆长、国家古籍保护中心副主任陈力等出席。

4月16—17日，全国古籍保护工作专家委员会主任李致忠走访平湖市图书馆、平湖市博物馆、浙江图书馆、浙江省博物馆及浙江大学图书馆，指导古籍保护工作。

4月30日，全省开始在全国古籍普查平台上著录数据。

5月5日，《浙江省人民政府办公厅关于进一步加强古籍保护工作的意见》（浙政办发〔2009〕54号）发布。

6月9日，国务院公布第二批《国家珍贵古籍名录》（4478部）和"全国古籍重点保护单位"（62家）（国发〔2009〕28号），浙江省共有297部珍贵古籍和6家藏书单位入选。

6月13日—7月3日，由文化部主办、国家图书馆（国家古籍保护中心）承办的国家珍贵古籍特展在国家图书馆举办，浙江省有6家藏书单位所藏14部珍贵古籍参展。

7月6—24日，国家古籍保护中心在甘肃省图书馆举办第四期"全国古籍编目培训班"，浙江图书馆周会会、芦继雯，义乌市图书馆丁小明，临海市图书馆杨米周，台州市黄岩区图书馆周子杨等参加。

8月，《绍兴图书馆馆藏古籍地方文献书目提要》出版。

9月24日，省委书记赵洪祝在《浙江省8家单位、398部珍贵古籍入选全国古籍重点保护单位名单和国家珍贵古籍名录》报道上批示："这是一很大成果，要继续努力做好收集选报工作。"

10月16日，省政府同意建立浙江省古籍保护工作联席制度。联席会议召集人为省文化厅、省财政厅负责人，成员由省发改委、省教育厅、省科技厅、省民宗委、省财政厅、省人力社保厅、省文化厅、省卫生厅、省新闻出版局、省档案局、省文物局有关负责人组成。联席会议办公室设在省文化厅。

10月29—30日，浙江省公共图书馆历史文献工作研讨会在平湖市图书馆召开，就"晚近地方文献整理""古籍地方文献书目提要""古籍编目""古籍纸库建设"等议题进行交流。

10月，第一版《浙江省古籍普查手册》编纂完成，作为第一期"浙江省古籍普查培训班"教材使用。

11月3—11日，浙江省古籍保护中心举办第一期"浙江省古籍普查培训班"，全省34家古籍藏书单位的39位古籍业务人员参加。

11月，第二版《浙江省古籍普查手册》修订完成，作为第二期"浙江省古籍普查培训班"教材使用。

12月2—11日，浙江省古籍保护中心举办第二期"浙江省古籍普查培训班"，全省30家古籍藏书单位的32位古籍业务人员参加。

>> 2010 年

3月14—19日，国家古籍保护中心在华中师范大学举办第一期"全国古籍普查审核人员培训班"，浙江图书馆童圣江、刘瑛参加。

3月17日—4月2日，国家古籍保护中心在杭州举办第十五期"全国古籍普查培训班"，由浙江省古籍保护中心承办，全省37家藏书单位的70余名学员参加。

5月31日—6月4日，浙江省古籍保护中心对衢州市8家古籍藏书单位古籍普查工作开展情况进行调研，了解各单位藏书、工作人员配备及普查准备情况。

6月11日，国务院公布第三批《国家珍贵古籍名录》（2989部）和"全国古籍重点保护单位"（37家）（国发〔2010〕20号），浙江省共有308部珍贵古籍和1家藏书单位入选。

6月11日—7月12日，由文化部主办、国家图书馆（国家古籍保护中心）承办的国家珍贵古籍特展在京举办，共展出来自86家收藏单位的300余件珍贵古籍，浙江省共有10件珍贵古籍和浙江省博物馆藏雷峰塔砖参展。

7月11日，国家图书馆举办"雷峰塔经卷版本研讨会"，浙江图书馆王巨安、陈谊，西泠印社邓京受邀参会并发言。

8月18日，浙江省古籍保护工作联席会议在杭州召开，会议审议了《浙江省"中华古籍保护计划"实施方案》（草案），明确下一步做好古籍保护工作的基本思路和主要工作任务，在加强保护、有效保障等方面达成了共识。

9月18日，浙江省古籍保护中心召开全省古籍保护工作座谈会，各市级图书馆分管古籍工作的馆长参会，审议了《浙江省"中华古籍保护计划"实施方案》（草案），从如何调动基层社会力量促进古籍普查、制订普查考核指标、进一步细化普查计划、加强组织管理、加强古籍修复工作、更好地发挥行政协调能力等方面提出修改意见。

9月25日，省文化厅批准建立浙江省古籍保护工作专家委员会。名单如下——顾问：张涌泉（浙江大学古籍研究所所长、教授、博士生导师、浙江省特级专家）、崔富章（浙江大学古籍研究所教授、博士生导师、浙江省特级专家）；主任：贾晓东（浙江图书馆副馆长、研究馆员）；成员：童正伦（浙江图书馆古籍部研究馆员）、余子安（浙江图书馆古籍部研究馆员）、谷辉之（浙江图书馆古籍部研究馆员）、褚树青（杭州图书馆馆长、研究馆员）、潘猛补（温州市图书馆古籍与地方文献部研究馆员）、钱志远（湖州市图书馆副馆长、研究馆员）、高跃新（浙江大学图书馆副馆长、研究馆员）、徐吉军（浙江省社会科学院研究员、《浙江学刊》常务副主编）、顾志兴（浙江省社会科学院研究员）、王志邦（浙江工商大学公共管理学院研究员）、王云路（浙江大学人文学院副院长、古籍研究所教授）、范景中（中国美术学院教授）、黄灵庚（浙江师范大学古典文献中心主任、教授）、李如辉（浙江省中医药大学图书馆馆长、教授）、胡小罕（浙江古籍出版社社长、研究员）、马登潮（浙江省档案馆编研处处长）、汪自强（中国丝绸博物馆技术部主任、研究馆员）、郑幼明（浙江省博物馆技术保护部主任、研究馆员）、虞浩旭（宁波市天一阁博物馆馆长、研究馆员）、吴格（上海复旦大学图书馆古籍部主任、教授、博士生导师、全国古籍保护工作专家委员会委员）、陈先行（上海图书馆历史文献部副主任、研究馆员、全国古籍保护工作专家委员会委员）、杜伟生（国家图书馆古籍馆研究馆员、古籍修复专家）、张平（国家图书馆古籍馆副研究馆员、古籍修复专家）；秘书长：徐晓军（浙江省古籍保护中心办公室主任、副研究馆员）。

9月28日，浙江省古籍保护工作专家委员会在杭州召开会议，省文化厅厅长杨建新向各位委员颁发聘书。与会委员审议了《浙江省"中华古籍保护计划"实施方案》（草案），就加强省古籍保护中心业务指导力量、完善古籍出版计划、建立古籍修复工作相关保障制度等方面提出修改意见。

9月28日，浙江省古籍保护中心邀请省古籍保护工作专家委员会委员、复旦大学图书馆古籍部主任吴格教授在浙江图书馆讲座，介绍有关《中国古籍总目》的编纂情况，并就具体的编目、普查等问题与浙江图书馆工作人员讨论。

10月18—23日，浙江省古籍保护中心对丽水市11家古籍藏书单位古籍普查工作情况进行调研，了解各单位藏书、工作人员配备及普查准备情况。

10月26—29日，浙江省古籍保护中心对台州市12家古籍藏书单位古籍普查工作情况进行调研，了解各单位藏书、工作人员配备及普查准备情况。

12月，《天一阁国家珍贵古籍名录图录》出版。

12月20日，由文化部主办、国家古籍保护中心承办的全国古籍保护工作会议在北京召开。浙江省古籍保护中心副主任徐晓军受邀参会，介绍全省古籍普查经验。

12月31日，浙江省文化厅社会文化处和省古籍保护中心印发《关于古籍保护普查设备配置标准的函》，设定普查设备配置标准，对书影拍摄相关硬件设备提出具体的要求，规定最低需配备1200万以上像素的数码单反相机、省古籍保护中心委托定制的书影拍摄架和色卡、标尺等书影拍摄配件，以提高全省古籍普查数据的准确性和规范性，尤其是保证书影采集品质。

>> 2011 年

2月15日，浙江省古籍保护中心发出《关于统一订购古籍普查书影拍摄架的通知》，确定将上海斯能数码影像系统有限公司提供的LCS—A2C型数码相机专用稿台作为推荐订购产品。

3月7—30日，国家古籍保护中心在北京举办第一期"古籍普查与《中华古籍总目》分省卷编纂研修班"，浙江图书馆陈谊、童圣江参加。

4月13日，全国古籍保护工作专家委员会主任李致忠和国家古籍保护中心办公室主任助理王红蕾来杭，实地考察浙江省古籍普查工作进展情况。李先生建议，将浙江的普查经验通过全国古籍普查培训班进行介绍和宣传。

4月15日，浙江省古籍保护中心邀请来浙考察古籍普查工作的全国古籍保护工作专家委员会主任李致忠到浙江图书馆古籍部，与浙江图书馆、宁波市天一阁博物馆、嘉兴市图书馆、平湖市图书馆、绍兴图书馆等省内主要古籍藏书单位的古籍工作骨干力量就古籍分类、普查工作及分省卷的编纂等问题举行座谈。

5—6月，浙江省古籍保护中心举办三期古籍普查初级审核员培训班，5人次参加，杭州图书馆仇家京和绍兴图书馆唐微最终通过考核、评定，获得初级审核员的资格证书。

5月11—12日、13日，浙江省古籍保护中心普查组组长陈谊分别在第三期"古籍普查与《中华古籍总目》分省卷研修班"（北京）和第二十八期"全国古籍普查培训班"（重庆）上介绍浙江省古籍普查情况及方法、经验。

5月17日，国家图书馆出版社总编辑徐蜀、综合编辑室主任殷梦霞考察浙江省古籍普查工作，就《中华古籍总目》编纂事宜进行座谈。

6月2日，安徽省图书馆历史文献部副主任石梅、文化服务部主任黄滨到浙江图书馆考察古籍未编书编目及古籍普查工作。

6月21—22日，文化部主办的"全国古籍普查暨古籍保护技术交流会"在南京召开，会议就下一阶段古籍普查和《中华古籍总目》分省卷的编纂以及古籍的原生性保护工作进行动员和部署。浙江省古籍保护中心副主任徐晓军、浙江图书馆古籍修复中心主管阎静书，宁波市天一阁博物馆典藏阅览部主任饶国庆、修复部主任王金玉等应邀参会。

6月23日，贵州省图书馆历史文献部主任陈琳到浙江图书馆考察古籍普查工作。

8月2日，"全国中医古籍普查与保护培训班"在安徽中医学院举办，浙江省古籍保护中心普查组组长陈谊受邀介绍浙江省古籍普查工作流程。

8月6日，由国家古籍保护中心和新疆维吾尔自治区文化厅共同举办的第二十九期"全国古籍普查培训班"在乌鲁木齐开班，浙江省古籍保护中心副主任徐晓军和普查组组长陈谊受邀分别介绍浙江省古籍普查工作的近况和古籍普查工作流程。

8月11日，上海图书馆副馆长周德明、历史文献中心主任黄显功、副主任陈先行等到浙江图书馆考察、交流古籍普查工作。

9月2—4日，浙江省古籍保护中心在绍兴市举办"《浙江省古籍普查手册》研讨会"，省内28家古籍藏书单位的44位古籍普查、编目员以及国家图书馆研究馆员唱春莲、上海图书馆研究馆员陈先行、复旦大学博士生导师吴格三位专家参会，讨论《手册》修订事宜。

10月，浙江省财政厅下拨古籍保护专项补助经费，其中为全省一、二类地区分别安排了2万元和1万元的古籍普查设备配置补助经费。根据省财政的安排，省文化厅社文处和省古籍保护中心对基本工具书、古籍书影拍摄架等普查设备提出配置标准。

11月16—20日，浙江省古籍保护中心对温州地区10家古籍藏书单位开展调研工作，了解各馆古籍藏量、保存条件、破损情况、整理状况、各馆普查硬件配置情况、保护队伍建设状况以及宣传古籍保护政策。

12月13日，浙江省文化厅下发《浙江省文化厅关于开展全省古籍普查项目申报工作的通知》（浙文社〔2011〕77号），要求全省古籍普查工作以项目申报的形式开展，并委托省古籍保护中心负责项目的发布和管理。

>> 2012 年

1月12日，浙江省古籍保护中心举办《浙江省古籍普查手册》研讨会，会议邀请辽宁省图书馆研究馆员王清原、山东省图书馆研究馆员贾秀丽、美国国会图书馆特邀研究员范邦瑾以及省内部分古籍藏书单位的普查骨干，讨论《手册》修订事宜。

1月18日，浙江省古籍保护中心副主任徐晓军和普查组组长陈谊前往国家古籍保护中心，与全国古籍保护工作专家委员会主任李致忠、国家图书馆研究馆员唱春莲等专家讨论《浙江省古籍普查手册》著录细则。

2月20日—3月1日，湖州市图书馆普查员潘希荣、台州市黄岩区图书馆普查员王芸来浙江图书馆进行第一次普查跟班实习。

3月15日，浙江省古籍保护中心依据《浙江省文化厅关于开展全省古籍普查项目申报工作的通知》（浙文社〔2011〕77号），制订并发布《浙江省古籍普查项目管理办法》（浙古保〔2012〕1号），对项目申报、审核、经费管理、中期审查、项目验收及成果应用等方面提出具体的要求和规定。

5月20—22日，应浙江省古籍保护中心之邀，著名古籍版本目录学家、资深古籍编目员、江苏省古籍保护工作专家委员会顾问、南京图书馆研究馆员沈燮元来浙江图书馆鉴定古籍，并指导古籍保护、编目工作。

6月19—23日、27—30日，国家古籍保护中心分别在兰州和南京举办第七期、第九期"全国古籍普查管理人员培训班"，浙江省古籍保护中心办公室副主任陈谊受邀讲课。

8月23日，浙江省古籍保护工作联席会议正式下发《浙江省"中华古籍保护计划"实施方案》（浙文社〔2012〕30号），明确了到"十二五"末浙江省古籍保护工作的目标任务，要求力争完成全省公藏古籍的普查工作。

10月29日，第一批《浙江省珍贵古籍名录》专家委员会评审会议在杭州召开，提出推荐名单228部。

11月，第三版《浙江省古籍普查手册》修订完成。至此，《手册》定稿。

11月27日—12月3日，浙江省古籍保护中心举办第三期"浙江省古籍普查培训班"，全省23家古籍藏书单位的36位古籍业务人员报名参加。

12月，浙江省古籍保护中心在台州市图书馆设立古籍保护数据异地备份中心，以保证全省古籍保护数据的存储安全。

12月30日，浙江省古籍保护中心举办"浙江省古籍普查审核工作座谈会"，省内主要古籍收藏单位的业务骨干和省古籍保护中心审核人员参会，会议梳理了古籍普查著录与审核过程中存在的问题，对加强审核工作的规范性提出要求。

>> 2013 年

3月5—11日，浙江省古籍保护中心举办第四期"浙江省古籍普查培训班"，全省27家古籍藏书单位的32位古籍业务人员报名参加。

3月27日，浙江省古籍保护工作会议在杭州召开，副省长郑继伟、文化厅厅长金兴盛出席，并作重要讲话。会议对浙江省入选第一、二、三批"全国古籍重点保护单位"和《国家珍贵古籍名录》的单位进行授牌和颁证书仪式。郑省长在会上提出：加强古籍保护工作的组织领导，各级财政要予以支持，建立长效工作机制，与即将开展的第一次可移动文物普查工作的结合好。

4月9日，浙江省文化厅表彰并授予了10家"浙江省古籍普查先进单位"称号和11名"浙江省古籍普查先进个人"称号（浙文公共

〔2013〕21 号）。

4 月 18 日，国务院公布第四批《国家珍贵古籍名录》（1516 部）和
"全国古籍重点保护单位"（16 家）（国发〔2013〕12 号），浙江省共有
47 部珍贵古籍和 1 家藏书单位入选。

7 月，《浙江省古籍普查手册》正式由国家图书馆出版社出版。

7 月 8 日，文化部第五次全国公共图书馆评估督导组对浙江图书
馆工作检查反馈意见中，提出要加快推进古籍普查工作。

7 月 9 日，浙江省政府公布第一批《浙江省珍贵古籍名录》和"浙
江省古籍重点保护单位"（浙政发〔2013〕37 号），浙江图书馆所藏的
稿本《复庄今乐府选》等 228 部珍贵古籍和浙江师范大学图书馆等 11
家古籍藏书单位分别入选。

7 月 28 日—8 月 4 日，由国家古籍保护中心主办、浙江省古籍保护
中心承办的第七期"全国古籍鉴定与保护高级研修班"在杭州举办。
来自全国 14 个省、自治区的公共图书馆、文物、医药、宗教、教育等系
统 44 家单位的 69 名学员参加学习。

8 月 30 日，浙江省古籍普查工作会议在临海召开，省文化厅副厅
长柳河，国家古籍保护中心副主任、国家图书馆副馆长张志清出席会
议并作重要讲话。会议举行了第一批"浙江省古籍重点保护单位和保
护达标单位"、《浙江省珍贵古籍名录》授牌颁证仪式，并就古籍普查
信息登记项目规定开展讨论，探讨如何在保证质量的前提下加快古籍
普查登记速度。

9 月 6 日，《浙江省古籍普查信息登记项目规定》（浙古保〔2013〕
2 号）印发。

9 月 10—11 日，浙江省古籍保护中心与绍兴市文广新局在上虞市
图书馆联合召开绍兴古籍普查工作会议，会议学习并讨论了《浙江省
古籍普查信息登记项目规定》有关内容。绍兴市文广新局副局长胡华

钢参加会议并讲话,要求各古籍收藏单位充分认识古籍保护工作的紧迫性,加大投入,推进全市古籍普查工作。省古籍保护中心副主任徐晓军等到会指导。

9月24日,浙江省古籍保护中心与嘉兴市文广新局在嘉兴市图书馆联合召开嘉兴古籍普查工作会议,围绕"嘉兴地区古籍普查著录标准"展开讨论。省古籍保护中心副主任徐晓军等到会指导。

10月20—25日,浙江省古籍保护中心在杭州举办第五期"浙江省古籍普查培训班",来自全省30家古籍收藏单位的35名业务人员参加。

11月7日,"2013年中国图书馆学会年会·中国图书馆展览会"在上海浦东世博展览馆开幕。受国家古籍保护中心邀请,浙江省古籍保护中心在展览会现场演示古籍普查工作流程,文化部党组副书记、副部长杨志今在国家图书馆馆长周和平、副馆长张志清的陪同下,参观了古籍普查工作流程演示。

11月8日,全国古籍保护工作专家委员会主任李致忠在浙江图书馆开设"如何撰写古籍提要"的讲座。

11—12月,湖州市图书馆和云和县图书馆先后完成本馆古籍普查工作,申请普查项目结题。

12月19—24日,浙江省古籍保护中心在杭州举办第六期"浙江省古籍普查培训班",来自全省23家古籍收藏单位的30名业务人员参加培训。

>> 2014年

1月3日,浙江省古籍保护中心与台州市文广新局在台州市图书馆联合召开台州市古籍普查工作推进会,市馆地方文献部相关人员、全市各古籍收藏单位负责人及普查人员参会。市文广新局副局长李玲玲对下一阶段工作进行了部署,要求全市各级相关部门和单位将普查工作纳入 2014 年重要工作范围,制订可行性计划,并进行定期督查、指导,定时向各区、县文广新局、公共图书馆和相关单位公布进度公报。省古籍保护中心副主任徐晓军等与会指导。

3 月 5 日,浙江省古籍保护中心与温州市文广新局在温州市图书馆联合召开温州古籍普查工作推进会,全市各古籍收藏单位分管领导和业务负责人、普查员参会,交流普查工作开展情况。市馆馆长胡海荣强调了古籍普查完成的时限和下阶段的工作要求,号召省、市、县之间形成合力,按时完成普查任务。省古籍保护中心副主任徐晓军等与会指导。

3 月 6 日,浙江省古籍保护中心与丽水市文广新局联合召开丽水市古籍普查工作推进会。市图书馆和有古籍收藏单位的各县(市)文广新局分管领导、馆藏单位负责人参会。市文广新局副局长林莉要求各县(市)文广新局、各单位高度重视古籍普查工作,依托普查工作,培养人才;各单位要尽快落实人员等各项措施,建立激励机制;市馆做好与省馆和各藏书单位的沟通和协调工作,加强指导和技术支持。省古籍保护中心副主任徐晓军等与会指导。

3 月 25 日,浙江省古籍保护中心与金华市文广新局在金华市图书馆联合召开金华市古籍普查工作推进会,全市有古籍收藏的 20 余家单位负责人参加会议。市文广新局副局长陈子根主持会议并对全市普查工作提出要求,对古籍普查工作要再提高认识和重视,尽快落实人员,强化责任,实效督查,并落实经费使用政策,建立激励机制。省古籍保护中心副主任徐晓军等与会指导。

3 月 28 日,由省文化厅召集,有古籍藏书的省属单位和在杭高校召开古籍普查工作座谈会,省图书馆、省博物馆、浙江大学图书馆等 11 家单位的分管领导和普查业务负责人参会。省古籍保护中心副主任、浙江图书馆副馆长徐晓军汇报近期全省古籍保护工作进展情况。为使参会领导更直观地了解普查工作，省古籍保护中心普查人员现场演示普查信息著录过程。省文化厅副厅长赵和平总结发言，提出要统一思想、提高认识，把普查工作当作近期的重要工作来抓，尽快落实人员，建立合理的激励机制。

4月10日，浙江省古籍保护中心发布"2014年3月浙江省古籍普查进度通报"（浙古保〔2014〕2号），发送各地文化主管部门和普查单位。这是全省第一份古籍普查督查报告，到2015年12月，每月发布。

4月18—22日，浙江省古籍保护中心在杭州举办第七期"浙江省古籍普查培训班"，来自全省24家古籍收藏单位的34名业务人员参加培训。

5月，《浙江大学国家珍贵古籍名录图录》出版。

7月，《第一批浙江省珍贵古籍名录图录》出版。

7月23日，第二批《浙江省珍贵古籍名录》专家委员会评审会议在杭州召开，提出推荐名单197部。

8月7日，浙江省古籍普查工作会议在杭州召开，来自全省34家古籍收藏单位的70余位古籍业务负责人和一线业务骨干参加。省文化厅副厅长柳河在会上肯定半年来的工作，并希望各级主管部门和单位再进一步重视普查工作，建立和完善科学的激励机制，齐心协力，一鼓作气，在2015年底前圆满完成普查任务。国家古籍保护中心副主任张志清介绍了全国普查的近况，对浙江省开展的古籍保护及普查工作给予了高度的肯定。参会人员就普查业务工作展开热烈的讨论。

10月11日，全国古籍保护工作会议在北京召开，公布文化部组织评选的全国古籍保护工作先进单位和先进个人，并举行颁证仪式。浙江省浙江图书馆、嘉兴市图书馆、云和县图书馆获得"全国古籍保护工作先进单位"称号，浙江图书馆徐晓军、曹海花，温州市图书馆王妍，绍兴图书馆唐微,平湖市图书馆马慧,衢州市博物馆程勤等6人获得"全国古籍保护工作先进个人"称号。

10月11日,文化部邀请广州市、复旦大学、浙江省文化厅和山东省文化厅在全国古籍保护工作会议上介绍古籍保护和传统文化工作成果与经验,省文化厅厅长金兴盛介绍浙江古籍保护工作开展情况和取得的成效。

10月11日,由光明日报社、国家古籍保护中心举办的"我与中华古籍"有奖征文获奖名单在2014中国图书馆年会的"中华优秀传统文化论坛(名家论坛)"上正式揭晓,浙江省古籍保护中心组织选送了145篇稿件,有5篇获奖,其中顾志兴创作的《我与中华古籍相伴六十年》获得三等奖,楼科敏《一本〈余杭许氏宗谱〉》、沈秋燕《古籍普查花絮乱弹》、马善军《编写〈村志〉与古籍的故事》和谢方儿《时光中的古籍书店》等4篇获得优秀奖。同时,浙江省古籍保护中心荣获唯一组织奖。

10月31日—11月30日,"册府千华——浙江省珍贵古籍特展"在浙江图书馆举行,展览由国家古籍保护中心和浙江省古籍保护中心联合主办,全省共有浙江省博物馆、浙江省中医药研究院、杭州图书馆、宁波市天一阁博物馆等18家单位参展,展出唐写本《太上洞玄灵宝无量度人上品妙经》、宋泥金写本《妙法莲华经》、清乾隆内府写本《文澜阁四库全书》等200部入选《国家珍贵古籍名录》的珍贵典籍。

11月13日,浙江省政府公布第二批《浙江省珍贵古籍名录》和"浙江省古籍重点保护单位"(浙政发〔2014〕43号),浙江图书馆所藏宋代吴越国刊印《一切如来心秘密全身舍利宝箧印陀罗尼经》等197部珍贵古籍和瑞安中学图书馆、嘉善县图书馆等2家古籍藏书单位分别入选。

12月,《嘉兴市珍贵古籍图录》出版。

2015 年

4月14—19日，第三十一期"全国古籍普查培训班暨全国党校系统古籍普查培训班"在浙江省委党校仓前校区举行，浙江省古籍保护中心负责人徐晓军介绍浙江省古籍普查工作的组织与管理，普查组组长曹海花为培训班进行授课并进行普查实践指导。

5月7日—7月10日，第一期"全国古籍编目合作进修班"在浙江图书馆举办，本期学员是来自上海博物馆的陈才、山西省图书馆的李海燕、武汉图书馆的鄢静慧、四川大学图书馆的丁伟、大连图书馆的翟艳芳、广东省立中山图书馆的何玉姬。

6月2日，省委常委、宣传部长葛慧君一行在丽水市委常委、宣传部长陈建波，云和县委书记张建明等陪同下前往云和县图书馆调研。

6月10—13日，第十期"全国古籍普查登记目录审校人员培训班暨河北省第六期古籍普查培训班"在河北省图书馆举办，浙江省古籍保护中心普查组组长曹海花受国家古籍保护中心邀请，为培训班进行《古籍普查登记目录审校要求》的授课并进行审校实践指导。

7月14日—9月10日，第二期"全国古籍编目合作进修班"在浙江图书馆举办，本期学员是来自甘肃省图书馆的陈润莉、山西省图书馆的孙乾婧、襄阳市少年儿童图书馆的黄雪松、青州市图书馆的赵静、扬州市图书馆的徐时云、开封市图书馆的葛智星。

9月17日—11月20日，第三期"全国古籍编目合作进修班"在浙江图书馆举办，本期学员是来自甘肃省图书馆的王江东、湖南省图书馆的李娇、广西图书馆的廖晓宁、成都图书馆的肖姣姣及浙江图书馆古籍部的秦华英、王皓浩。

11月5日，全国古籍保护工作专家委员会主任李致忠、天津图书馆古籍部主任李国庆、故宫博物院图书馆研究馆员翁连溪和国家古籍保护中心办公室管理组副组长郭晶等一行四人来浙江图书馆调研古籍普查工作，并讨论推进《中华古籍总目》分省卷编纂工作。

11月20日，"全国古籍编目合作进修班"学习成果汇报会在浙江图书馆孤山馆区青白山居举行。2015年浙江图书馆组织和承办了三期"全国古籍编目合作进修班"，尝试探索新的古籍编目人才培养模式。"进修班"采取"师带徒"、合作进修的形式，进修人员围绕某一专题书目（以明清时期浙江私人刻书为主）编目和研究，辅以普查、编目著录实践练习，使进修人员能够切实提高独立进行古籍编目的能力，并达到合作指导人员共同进步的目标。每期"进修班"招收6名人员，每期时间为九周。汇报会邀请全国古籍保护工作专家委员会委员、复旦大学图书馆吴格教授和上海图书馆历史文献中心郭立暄研究馆员以及进修指导教师童正伦研究馆员共同对进修成果进行评点、讨论。三期共18位进修人员完成了永康胡氏退补斋刻书、临海洪颐煊刻书、余姚五桂楼刻书、钱塘汪氏振绮堂刻书等18个专题书目的撰写和相关研究，其中有10位进修人员参加了汇报。

11月21日，第三批《浙江省珍贵古籍名录》专家委员会评审会议在杭州召开，提出推荐名单184部。

12月，《第二批浙江省珍贵古籍名录图录》出版。

>> 2016 年

3月22日，国务院公布第五批《国家珍贵古籍名录》（899部）和"全国古籍重点保护单位"（14家）（国发〔2016〕22号），浙江省共有118部珍贵古籍入选。

4月7日，浙江省古籍保护工作座谈会在云和县图书馆召开。国家古籍保护中心、浙江省古籍保护中心领导出席会议，浙江省内国家级、省级古籍重点保护单位和保护达标单位、万册以上藏书单位的分管领导、业务负责人齐聚一堂，为"十三五"期间浙江省古籍保护工作规划献计献策。会议还举行了《云和县图书馆古籍普查登记图目》首发式，这是浙江省首次发布古籍普查成果。

5 月 19 日，浙江省政府公布第三批《浙江省珍贵古籍名录》和"浙江省古籍重点保护单位"（浙政发〔2016〕18 号），临海市博物馆藏稿本《辛壬寇略》等 184 部珍贵古籍和金华市博物馆等 3 家古籍藏书单位分别入选。

6 月 4 日，浙江省古籍普查数据统校工作会议在杭州召开，来自浙江图书馆、宁波市图书馆、宁波市天一阁博物馆、余姚市文物保护管理所、温州市图书馆、嘉兴市图书馆、绍兴图书馆、衢州市博物馆 8 家单位的 14 名普查业务骨干讨论商定古籍普查数据统校事宜，国家古籍保护中心包菊香老师与会指导。

6 月 13—26 日，浙江省古籍保护成果展在浙江图书馆举行，展览从古籍普查、古籍库房标准化建设、珍贵古籍分级保护体系建设、古籍修复、古籍数字化与开发利用等方面展现浙江省十年来古籍保护工作的成效。

6 月 21 日，由文化部、国家文物局联合主办，国家图书馆（国家古籍保护中心、国家典籍博物馆）承办的"民族记忆精神家园——国家珍贵古籍特展"正式开幕。浙江图书馆藏姚燮《复庄今乐府选》稿本等参展。

8 月，《宁波市图书馆藏古籍善本图录》出版。

10 月，《浙江大学图书馆古籍善本书目》出版。

12 月，《第三批浙江省珍贵古籍名录图录》出版。

12 月 26—27 日，2016 年浙江省古籍保护工作研讨会在杭州召开。来自国家古籍保护中心、清华大学图书馆、中国科学院图书馆的专家以及浙江省 52 家主要古籍藏书单位的 90 多名分管领导和基层工作人员出席会议。在 27 日的古籍普查登记目录编纂分会场上，全省 8 家单位的 14 名普查统校员就前期的普查数据统校和接下来的登记目录编纂展开讨论,国家古籍保护中心洪琰老师和国家图书馆出版社赵嫄编辑等与会指导。

>> 2017 年

2—4 月,浙江省古籍保护中心下发《关于古籍普查登记目录出版相关事项的通知》,要求 83 家单位对完成统校的 195318 条古籍普查数据财产信息进行核对。

浙江省古籍保护中心下发《关于邀请普查骨干参加全省民国传统装帧书籍普查数据统校的函》,确定全省 7 位普查骨干对 91 家单位的 115147 条民国数据进行统校。

浙江省古籍普查报告

中华民族拥有卷帙浩繁的古代文献典籍。这些文献典籍是中华文明的重要载体，承载着丰厚的历史和文化内涵，蕴含着各个时期中华民族优秀文化价值观念，是中华文明延续发展的历史见证，也是人类文明的瑰宝。为抢救、保护我国这些珍贵古籍，继承和弘扬优秀传统文化，国务院办公厅印发《关于进一步加强古籍保护工作的意见》（国办发〔2007〕6号）。全国古籍普查登记工作是了解全国古籍存藏情况，建立古籍总台账，开展全国古籍保护的基础性工作。

浙江文化底蕴深厚，书籍刻印历史悠久，前贤留下的著述浩如烟海，藏书雅阁及私人藏书为数众多，古籍资源十分丰富，几乎县县有古籍，是全国古籍藏量较多的省份之一，是中华文化中独具地域特色的重要一脉。保护好这些珍贵的古籍，对促进文化传承、弘扬民族精神、维护国家统一及社会稳定具有重要作用。同时，加强古籍保护工作，也是加快建设文化大省、文化强省，努力推动文化浙江建设和社会主义文化大发展大繁荣的必然要求。为认真贯彻落实国办发〔2007〕6号文件精神，切实加强全省古籍的抢救、保护，浙江省人民政府办公厅印发《关于进一步加强古籍保护工作的意见》（浙政办发〔2009〕54号），提出2009年起要在全省范围内开展古籍普查登记工作。2012年，浙江省古籍保护工作联席会议下发《关于印发〈浙江省"中华古籍保护计划"实施方案〉的通知》（浙文社〔2012〕30号），提出在"十二五"末基本完成全省古籍普查工作的目标任务。

全国古籍普查登记工作范围为1912年以前产生的文献典籍。由于近代以来浙江私人藏书相当发达,民国期间刻印了大量典籍,民国文献在各藏书单位(尤其是基层单位)所藏历史文献中占据了相当大的比重。这些书籍形成了浙江文献典藏的重要特色,是浙江传统文化的重要组成部分。为更加全面地掌握本省历史文献文化遗产现状,浙江省将民国时期传统装帧书籍纳入普查范围。

按照《全国古籍普查登记手册》要求,登记每部古籍的基本项目,必登项目有索书号、题名卷数、著者、版本、册数、存缺卷数,选登项目有分类、批校题跋、版式、装帧形式、丛书子目、书影、破损状况等。

"秉持浙江精神,干在实处、走在前列、勇立潮头",浙江省的古籍普查工作一直高标准、严要求,自始至终坚持平台项目全著录,坚持文字信息和书影信息双著录,登记每部书的索书号、分类、题名卷数、著者、卷数统计、版本、版式、装帧、装具、序跋、刻工、批校题跋、钤印、丛书子目、定级及书影、定损及书影等 16 大项 74 小项的信息。

截止 2015 年 12 月底,全省共计完成古籍(含民国传统装帧书籍)普查 308046 部 2323684 册,完成率为 92.7%。截止 2017 年 4 月 30 日,全省公共图书馆、文物、教育、档案、卫生五大系统 95 家收藏单位共计完成普查 337405 部 2506633 册(其中民国传统装帧书籍 117543 部 751690 册)❶,完成率达到 99.91%。通过普查,全面掌握了全省现存古籍的数量、价值、分布、保存状态等情况。

---

❶ 本报告中的数据系根据全国古籍普查平台统计所得,截至 2017 年 4 月 30 日。部分文博系统藏书单位如已经文物定级的古籍著录在文物普查平台,特此说明。

一、前期准备

(一)试点先行,摸索经验

2007 年 8 月,文化部召开全国古籍保护试点工作会议,要求在 2007 年 8 月至 2008 年 7 月的一年时间里开展普查试点工作,探索古籍保护经验。浙江图书馆、杭州图书馆、宁波市天一阁博物馆、温州市图书馆、绍兴图书馆等五家单位被列为全国古籍保护工作试点单位(文社图发〔2007〕31 号),各试点单位按照要求开展制订试点工作方案、建立馆藏古籍目录、开展一二级古籍普查等工作。

根据全国古籍保护试点工作会议要求,浙江省文化厅和浙江省古籍保护中心积极准备,落实试点工作。8 月 29 日,浙江省古籍保护中心负责人贾晓东召集浙江图书馆古籍部相关人员,就全省古籍普查试点工作方案及具体分工进行讨论;9 月 4 日,浙江省文化厅副厅长金庚初召集浙江省古籍保护中心及各试点单位负责人召开会议,以落实各试点单位方案,并为迎接文化部古籍保护督导组的检查做好准备。

浙江省文化厅副厅长金庚初主持召开省古籍保护工作试点单位工作会议

浙江省古籍普查报告

为落实国务院办公厅《关于进一步加强古籍保护工作的意见》和全国古籍保护试点工作会议精神，加强对全国古籍保护工作的督促、检查和指导，加快推进古籍保护工作，从8月下旬到9月下旬，文化部派出15个专家督导组，分赴全国31个省、自治区和直辖市进行工作督导。9月6日上午，文化部古籍保护督导组专家史金波等一行三人抵达杭州，开始浙江省古籍保护工作督导之行。督导组首先听取了省文化厅及省古籍保护中心的工作汇报；随后，督察组先后前往杭州图书馆、宁波市天一阁博物馆、绍兴图书馆、温州市图书馆实地考察试点工作。

文化部古籍保护试点工作督导组抵浙，听取省文化厅、
省古籍保护中心及省图书馆试点工作汇报

督导组检查杭州图书馆古籍保护试点工作情况，听取该馆工作汇报

督导组检查宁波市天一阁博物馆古籍保护试点工作情况，听取该馆工作汇报

督导组检查绍兴图书馆古籍保护试点工作情况，听取该馆工作汇报

督导组检查温州市图书馆古籍保护试点工作情况，听取该馆工作汇报

　　试点工作开始后，根据全国古籍保护试点工作会议、全国古籍保护督导工作会议及《文化部社会文化司关于开展全国古籍保护督导工作的补充通知》的精神和要求，省古籍保护中心制订了《浙江省古籍普查工作方案》《全省古籍保护试点工作方案》《浙江省古籍保护工作启动会议方案》《编纂〈浙江珍贵古籍名录〉方案》《浙江省古籍保护工作第一次联席会议方案》《浙江省古籍保护工作联席会议制度机构单位成员建议名单》《浙江省古籍保护工作专家委员会建议名单》《浙江省古籍保护工作专家委员会章程》《浙江省古籍保护工作启动会议方案》《浙江图书馆古籍保护试点工作方案》《浙江省古籍保护普查培训班方案》等一系列古籍保护工作方案。

　　在试点工作期内，全省各试点单位按照各单位自身情况与条件，都制订了合理的工作方案，并认真实施。各单位积极申报《国家珍贵古籍名录》，对本单位所藏古籍进行摸底、定级，填写古籍档案表、拍摄书影，共完成一、二级古籍普查1800余部，基本完成既定目标任务。

　　普查试点工作，积累了一定的工作经验，同时也暴露出基础工作的薄弱与不足。主要体现在以下几个方面：古籍普查信息登记的标准不统一，规范性不够，工作效率也难以有效提高；书影拍摄者与信息登记者非同一人、书影拍摄标准不明确、拍摄设备不到位，导致书影信息采集的质量不高；利用古籍普查档案表进行普查，审校比较麻烦，也难以实现普查资源的共享；古籍工作人才短缺，普查人员的水平参差不齐。这些问题给试点工作带来不小的挑战，让我们更加清醒地认识到今后的努力方向与重点。

　　这次古籍保护试点工作，对各试点单位的工作是一种挑战，更是一种机遇。通过试点工作，各单位都不同程度地积累了一定的工作经验，锻炼了队伍，提高了认识，为全省今后古籍保护工作的全面铺开打下了坚实的基础。

（二）摸底调查，夯实基础

为扎实推进浙江省"中华古籍保护计划"，有针对性地制定普查经费预算、人才培训计划等方案，浙江省古籍保护中心在全省开展古籍藏书单位摸底调查（调查表详见附件1），基本掌握了全省古籍藏量、古籍整理与保存现状及古籍从业人员情况，为下一阶段全省古籍保护工作更好地铺开奠定基础。同时组织人员对全省古籍单位进行实地调研，了解各馆古籍藏量、普查登记工作等情况。2010年5月31日—6月4日、2010年10月18—23日、2010年10月26—29日、2011年11月16—20日，省古籍保护中心工作人员分别前往衢州、丽水、台州、温州等地区展开调研，在《浙江省省古籍保护工作简报》上刊有"衢州市古籍普查调研报告""丽水市古籍普查调研报告""台州地区古籍调查手记""温州地区古籍保护工作调研报告"等调研报告。

（三）参加培训，学习经验

省古籍保护中心组织人员积极参加国家古籍保护中心举办的各类培训班，如2007年5月20日的"全国古籍普查工作研讨班"、2007年5月21日—6月8日的第一期"全国古籍普查培训班"、试点工作开展前后举办的三期"全国古籍普查培训班"、2008年8月31日—9月5日的第二期"全国古籍普查平台"应用软件系统登记培训、2008年12月22—25日的第一期"全国古籍普查平台管理人员培训班"、2010年3月14—19日的第一期"全国古籍普查审核人员培训班"、2010年3月17日—4月2日的第十五期"全国古籍普查培训班"、2011年3月7—30日的第一期"古籍普查与《中华古籍总目》分省卷编纂研修班"等，学习普查管理、著录、审核、目录编纂等各方面知识，掌握相关要求。

（四）建立制度，统筹指挥

为加强全省古籍保护工作统筹协调能力，深入推进普查，浙江省积极建立健全古籍保护领导、工作机构。成立了由省文化厅、省财政厅牵头，省发改委、省教育厅、省科技厅、省民宗委、省人力社保厅、省卫生厅、省新闻出版局、省档案局、省文物局等11个厅局组成的浙江省古籍保护工作联席会议制度，作为决策和领导机构；建立了浙江省古籍保护工作专家委员会，为全省古籍保护工作提供决策咨询；在浙江图书馆增挂"浙江省古籍保护中心"的牌子，作为全省古籍保护业务中心；各地市也先后成立了相应的古籍保护机构，召开本地古籍普查工作推进会。省政府同时将古籍普查纳入全国文化先进县评选的考核体系，古籍库房建设和古籍普查成为浙江省文化先进县达标的具体要求。通过纳入行政考核机制，全省各级政府、部门和相关单位对于古籍普查重要性的认识均有较大提高，充分调动了基层单位开展古籍普查的积极性。经科学、合理的统筹安排，上下齐心，全省古籍普查工作取得快速、有序的进展。

2010年8月18日下午，2010年浙江省古籍保护工作联席会议在杭州召开。11个联席会议成员单位代表认真审议了省文化厅研究制定的《浙江省"中华古籍保护计划"实施方案》《浙江省古籍普查方案》等草案，对方案的修改完善提出了许多建设性的意见和建议。

2010年8月18日"2010年浙江省古籍保护工作联席会议"现场

　　2010 年 9 月 28 日上午，2010 年浙江省古籍保护工作专家委员会会议在杭州隆重举行，20 余名省内外古籍、文献领域的著名专家、学者齐聚一堂，就全省古籍保护工作的现状及前景展开热议。各位委员对《浙江省"中华古籍保护计划"实施方案》《浙江省古籍普查方案》《浙江省珍贵古籍名录评选办法》等草案积极发言，从各自的专业角度出发提出了不同的意见和建议。委员们一致认为，当前的古籍保护工作已经到了迫在眉睫的地步，全省许多藏书单位的古籍保存保护情况不容乐观，亟待从根本上予以解决，文化厅出台这一系列古籍保护工作方案正当其时。委员们就加强省保护中心业务指导力量、完善古籍出版计划、建立古籍修复工作相关保障制度等方面提出宝贵的修改意见，为上述草案的进一步完善提供了很好的依据。

2010 年 9 月 28 日 "2010 年浙江省古籍保护工作专家委员会会议" 现场

　　2013 年 8 月 30 日在临海召开讨论加快古籍普查进度的"浙江省古籍普查工作会议"后，在省古籍保护中心的推动下，各地市纷纷召开普查推进会，有力加快了普查著录的进度。

2013 年 9 月 10—11 日绍兴市召开古籍普查工作会议

2013 年 9 月 24 日嘉兴市召开古籍普查工作会议

2014 年 1 月 3 日台州市召开全市古籍普查工作推进会

2014 年 3 月 5 日温州地区召开古籍普查工作推进会

2014 年 3 月 6 日丽水地区召开古籍普查工作推进会

2014 年 3 月 25 日金华地区召开古籍普查工作推进会

2014年3月28日省文化厅召开省属单位和在杭高校古籍普查工作座谈会

（五）技术保障，配置设备

浙江省古籍普查登记著录在全国古籍普查平台上进行，平台运行正常与否，直接影响普查的进度。省古籍保护中心安排专职技术人员负责平台运行和维护，并和国家古籍保护中心技术方及平台开发方直接对接，及时处理平台问题，保障平台运行顺畅。在古籍普查数据本地存储容量增大后，为保证数据存储的安全性，省古籍保护中心在相关硬件设备先进及有丰富管理经验的台州市图书馆设立古籍保护数据异地备份中心。

为保证全省古籍普查数据尤其是书影数据的一致性和规范性，省文化厅和省古籍保护中心提出普查设备配置的最低要求。2010年10月，省财政厅下拨古籍保护专项补助经费，其中为全省一、二类地区40个县市分别安排了2万元和1万元的古籍普查设备配置补助经费。2010年12月31日，浙江省文化厅社会文化处和省古籍保护中心印发《关于古籍保护普查设备配置标准的函》，设定普查设备配置标准，对书影拍摄相关硬件设备提出具体的要求，规定最低需配备1200万以上像素的数码单反相机、省古籍保护中心委托定制的书影拍摄架和色卡、标尺等书影拍摄配件。2011年2月15日，省古籍保护中心确定将上海斯能数码影像系统有限公司设计的LCS–A2C型数码相机专用稿台作为书影拍摄设备推荐订购产品。

浙江省定制古籍普查书影拍摄架

（六）编制手册，统一规则

浙江省古籍普查前后参与的普查员多达数百名，其中90%没有古籍知识和编目经验。为培训普查员，规范普查登记行为，确保普查数据质量，省古籍保护中心按照国家古籍保护中心普查文件，同时结合本省具体情况，组织编写《浙江省古籍普查手册》，细化普查项目信息，列举实例，对普查范围、普查款项、普查著录细则及书影的拍摄要求等做出明确规定。实践证明，通过学习该《手册》，古籍知识和编目经验薄弱的人员能够在较短时间内较好地掌握古籍基础知识和古籍信息规范登记方法，配合其他专业工具书，通过两周时间的普查实践培训，即可成为一名合格的古籍普查员。

《手册》的第一版印于2009年10月，作为第一期"浙江省古籍普查培训班"教材使用。随后进行修订，于次月印制第二版，用于第二期"浙江省古籍普查培训班"教学。后在吸收4000多部古籍普查实践经验的基础上编制第三版，并多次召开相关研讨会，听取多位专家和一线普查员的意见。

2011年9月2—4日，浙江省古籍保护中心在绍兴市举办"《浙江省古籍普查手册》研讨会"，来自杭州图书馆、宁波市天一阁博物馆、温州市图书馆、绍兴图书馆、绍兴鲁迅纪念馆等28家省内古籍藏书单位的44位古籍普查、编目员以及国家图书馆研究馆员唱春莲、上海图书馆研究馆员陈先行、复旦大学博士生导师吴格三位专家学者参加了会议。省古籍保护中心对《手册》的编写原则、修订情况等作了总体说明。与会人员结合各自的工作经验，针对《手册》的具体内容，提出了诸多有建设性的意见和建议。与会人员主要围绕普查范围、客观著录原则、古籍相关概念、《手册》行文的一致程度、题名著录、丛书及其零种的判别与著录等著录细则等几个方面，展开热烈的讨论。与会人员总体上对《手册》和省古籍保护中心的相关工作予以了充分的肯定，并急切希望《手册》能早日定稿下发，为全省普查工作提供规范和依据。

2011年9月2—4日"《浙江省古籍普查手册》研讨会"现场

　　为进一步提高全省古籍普查规范和标准质量，切实推动古籍普查工作的深入开展，浙江省古籍保护中心于2012年1月12日举办"《浙江省古籍普查手册》研讨会"。会议邀请辽宁省图书馆研究馆员王清原、山东省图书馆研究馆员贾秀丽、美国国会图书馆特邀研究员范邦瑾以及省内部分古籍藏书单位的普查骨干，就《手册》展开深入讨论。与会人员首先就《手册》的篇章结构安排提出了不少修改意见，随后就《手册》中有关古籍普查平台著录的细则逐条进行推敲。这次研讨会与会者讨论细致、深入，暴露出了《手册》编写中存在的诸多问题，对《手册》提出了很有系统的修改意见。同时，也反映出各方对普查工作的性质还是有不同的认识，对《手册》的实用性和基层单位古籍工作的实际状况理解不一。通过这次研讨会，省古籍保护中心也再次强调了《手册》对基层工作指导的实用意义。

2012 年 1 月 12 日 "《浙江省古籍普查手册》研讨会"现场

    2012 年 1 月 18 日,省古籍保护中心派员前往国家古籍保护中心,与全国古籍保护工作专家委员会主任李致忠、国家图书馆研究馆员唱春莲等专家讨论《手册》著录细则。

    根据各方意见,《手册》多次易稿,于 2012 年 11 月基本定型,正式印制第三版,发放全省各普查单位。后于 2013 年 7 月由国家图书馆出版社正式出版。

2009 年 10 月《浙江省古籍普查手册》第一版

2009 年 11 月《浙江省古籍普查手册》第二版

2012 年 11 月《浙江省古籍普查手册》第三版

2013 年 7 月《浙江省古籍普查手册》正式出版

二、普查实践

（一）普查著录

省古籍保护中心制订了《浙江省古籍普查管理办法》，设计了一整套工作流程：书库管理人员整理出库，与普查登记人员进行交接，普查登记人员填写出入库登记单、进行登记著录、拍摄书影并上传，一审人员进行本单位带书审核，一审完毕书籍交由书库管理人员归库。

以浙江图书馆为例，根据《浙江省古籍普查管理办法》要求，普查员须接受过国家古籍保护中心或省古籍保护中心的专业普查培训并获得结业证书，或在省古籍保护中心跟班实习，经省古籍保护中心认定具备普查能力，一般由专职人员担任。

库管员一般不兼任普查员，但如有能力可承担审校工作。库管员与普查员进行古籍交接时须填写《浙江省古籍普查出入库登记单》（一式两份），对方填写并核对相关基础信息。普查员根据《浙江省古籍普查手册》和《浙江省古籍普查信息登记项目规定》进行著录，如对原信息有任何更改（包括修改、增删、调整等），必须详写原因，并经与本馆至少两名编目、普查人员交流达成共识；若对本馆珍本、孤本或特级典藏有重大修订，须上报分管馆长，并由普查组组织三位以上行业专家进行鉴定。

1504

浙江圖書館古籍普查出入庫登記單

普查員：李玉　　　　日期：　2013 年 8 月 28 日

書庫類別（ 善本特藏 □　　普通 □　　其他 □ ）　審校員：陳瀅

普查序列號：330000—1701—00/0/01

索書號	普　081 / 34351.02	書名	欣賞续编：十种	著者	（明）茅一相 辑
著錄版本	明刻本	存（缺）卷		冊數	6	裝具	木夾板（副）□ 函套（個）□
						數量	1
出庫時間		出庫狀態			出庫簽收		
2013.8.28	水漬□ 污漬□ 老化□ 霉蝕□ 破皮□ 口開□ 線斷□ 蟲蛀□ 油漬□ 絮化□ 缺損□ 粘連□ 修復□ 毛裝□			谢蕾　李玉			
入庫時間		入庫狀態			入庫簽收		
2013.9.7	同上			卷连江			
普查版本							
備註：	清查掌次题签 陈瀅 w13.9.7						

填表說明：
1.此表爲浙江圖書館古籍普查工作中普查員與出納員交接古籍專用。2.普查序號指普查員每日普查書籍序列號。3.書庫類別在方框內上打鉤確定。4.著錄版本指原著錄之版本，此處照錄。5.裝具指木夾板、函套、木盒等。6.出庫狀態指有無破損及程度。一般情況可填完好。7.普查版本指普查結果顯示版本情況與著錄版本不同者，如果相同則填"同"即可。8.如有其他變動包括題名、卷數、作者、著作方式等等，皆在備註中處理。

浙江圖書館古籍部　製

浙江图书馆古籍普查出入库登记单

43

浙江图书馆普查员在整理古籍普查出入库登记单

绍兴图书馆普查员在整理古籍

浙江图书馆古籍善本普查现场

浙江图书馆普藏书库二楼普查现场

浙江图书馆总馆二楼普通古籍普查现场

浙江图书馆嘉业藏书楼普查现场

嘉善县图书馆普查员在拍摄书影

浙江图书馆嘉业藏书楼普查完成的书籍归架图

（二）普查审校

根据国家古籍保护中心要求，普查数据审校实行三审制度。本单位进行一审，省古籍保护中心进行二审，二审完成后由省古籍保护中心同步给国家古籍保护中心三审。为保证普查数据质量，浙江省高度重视普查数据的审校工作。早在 2010 年 9 月 26 日，省古籍保护中心即派员前往国家古籍保护中心，向国家古籍保护中心普查审核组请教有关普查数据审核中出现的问题。省古籍保护中心通过制订浙江省古籍普查审校方案、举办全省古籍普查初级审核员培训、召开浙江省古籍普查审核工作座谈会、聘请省外专家进行二审等措施，保证审校工作的顺利进行，提高审校工作质量。

随着全省普查工作稳步、有序推进，古籍普查数据数量激增，为进一步提高普查数据质量，也为培养一支较强的古籍编目队伍，提高全省古籍工作人员的专业素养，省古籍保护中心分批次举办全省古籍普查初级审核员培训。培训报名必须同时符合两个条件，一是报名人员须参加过国家或省古籍保护中心举办的古籍普查培训班，有一定的古籍普查基础；二是报名人员须是目前在古籍普查平台上进行数据著录者。培训周期为六天，参加培训者按照省古籍保护中心普查组的要求进行普查著录实践，省古籍保护中心根据著录的数量和通过率进行考核，合格者颁发浙江省古籍普查初级审核员证书；不合格者安排重新参加下一批培训，直至合格为止。

省古籍保护中心负责人徐晓军
为考核合格学员仇家京颁发证书

浙江省古籍普查报告

随着全省古籍普查标准《浙江省古籍普查手册》正式发布，全省古籍普查工作加强规范化操作。为进一步强化古籍普查工作的规范性、提高古籍普查数据质量，解决存在的问题，省古籍保护中心于2012年12月30日举办"浙江省古籍普查审核工作座谈会"。会前，省古籍保护中心预先收集了参会的审核管理人员以及部分专家的书面意见，分析各位二审人员的审核重点和特征，并进行分类，大致梳理出当前古籍普查著录与审核过程中存在的问题，对加强审核工作的规范性提出要求。座谈会上，杭州图书馆、绍兴图书馆、嘉兴市图书馆等省内主要古籍藏书单位的业务骨干或业务管理人员，国家图书馆研究馆员唱春莲、辽宁省图书馆研究馆员王清原、浙江图书馆古籍部首席专家童正伦等二审人员，展开充分、热烈的讨论，明确了古籍普查著录、本单位审核、省古籍保护中心二审等古籍普查流程中的三个重要环节，必须以《浙江省古籍普查手册》作为原则性的标准，强调审核工作的规范性，一审及二审登记表填写完备。并就审核意见的表述达成共识：

审核人员给出的审核意见要表述清晰、准确、完整，指令性强，所下结论要有充分的依据。不合格数据修改后复审时，审核员应注意数据的前后统一性，以免产生改此不改彼的问题。

2012年12月30日"浙江省古籍普查审核工作座谈会"现场

（三）激励措施

1. 明确著录项目

随着普查工作大规模展开，不少普查单位和普查员产生了畏难情绪，加之个别著录、一审、二审标准不一引发的矛盾，全省普查工作进入了瓶颈期。省古籍保护中心积极采取措施，起草《浙江省古籍普查信息登记项目规定》（见附件2），对著录范围、边界进行明确规定，于2013年8月30日在临海召开浙江省古籍普查工作会议进行讨论，统一思想，随后以正式文件（浙古保〔2013〕2号）的形式发布。《规定》的发布明确了著录的内容范围，消除了部分普查员的疑虑和畏难情绪，大大加快了全省的古籍普查进度。

2013年8月30日"浙江省古籍普查工作会议"现场

2. 利用编目成果

由于各单位从事古籍普查人员的专业能力参差不齐，如何提高古籍普查登记著录的效率，是省古籍保护中心积极探索的另一个重要问题。实践证明，通过套录平台中质量较好的藏书单位的普查数据，充分利用现有的编目成果，都是行之有效的办法。

省古籍保护中心积极带头进行古籍普查，先行普查比较繁杂的书籍特别是大型丛书，并推动力量比较强的古籍单位加快普查登记，增加高质量的普查数据，以便于各馆进行套录，实现普查资源的共建共享。从录入与套录的比率来看，2009—2013 年为 4∶1，2014 年为 1∶1.4，2015 年 1∶3.7，2016 年为 1∶4.3。

《中国古籍总目》是当前中国古籍整理编目的最新重大成果。为了保证全省数据著录的一致，省古籍保护中心要求各单位积极利用《总目》，将《总目》列为必备参考工具书。在数据统校时更是将每条书目和《总目》一一对勘，《总目》有收录者即标注《总目》页码，《总目》未收某版本者标注"无此版本"，《总目》未收者标注"无"，《总目》所收即浙江某馆所藏者即特殊标注，《总目》著录与普查信息有差异或一时无法判断者标注"存疑"。以浙江图书馆普查著录的近 7 万条古籍数据为例，据不完全统计，除去复本，《总目》所收即浙图所藏者有 1100 多种，《总目》未收某一明确版本者有 3200 多种，《总目》未收者有 8300 多种。

3. 安排专项经费

浙江省古籍保护工作得到了省财政的大力支持，省财政厅下拨古籍保护专项经费，是全省实施"中华古籍保护计划"的重要保障，其中直接用于古籍普查及相关的经费超 1000 万元。古籍普查补助标准定为 3.5 元/册（其中著录和一审补助标准为 2.7 元，二审补助标准为 0.8 元）。在各普查单位的普查补助经费使用安排上，省古籍保护中心按照工作进度，由各单位决定，一部分经费划拨各单位，一部分经费直接补助给普查员，其中直接补助普查员的经费不得少于总额的 50%。通过合理的经费安排，各馆及其普查员的积极性很快被调动起来，各单位积极安排工作人员，普查员有效利用时间，甚至加班加点，保证了普查工作的顺利完成。

4. 设立普查项目

2011 年 12 月，浙江省文化厅下发《关于开展浙江省古籍普查项目申报工作的通知》（浙文社〔2011〕77 号）（见附件 3），要求全省古籍普查工作以项目形式开展，并委托省古籍保护中心负责项目的审核、发布和管理。据此，省古籍保护中心制订并发布《浙江省古籍普查项目管理办法》（浙古保〔2012〕1 号）（见附件 4），对项目申报及管理提出具体的要求。作为厅级项目，古籍普查项目的设立，极大鼓舞了全省各普查单位和普查人员的工作热情。

5. 树立先进典型

奖励先进，树立典型，可进一步调动全省古籍普查工作的积极性，推动普查工作深入开展。

2013 年，省文化厅授予浙江图书馆等 10 家单位"浙江省古籍普查先进单位"称号，授予干亦铃等 11 人"浙江省古籍普查先进个人"称号（浙文公共〔2013〕21 号）。在 2014 年中国图书馆年会期间召开的全国古籍保护工作会议上，浙江图书馆、嘉兴市图书馆、云和县图书馆获得"全国古籍保护工作先进单位"称号，浙江图书馆徐晓军、曹海花，温州市图书馆王妍，绍兴图书馆唐微，平湖市图书馆马慧，衢州市博物馆程勤等 6 人获得了"全国古籍保护工作先进个人"称号。

云和县图书馆的古籍保护工作基础薄弱，该馆于 2012 年 1 月制定古籍普查计划，申报古籍普查项目，开展古籍普查工作。普查初期，面临人员少、任务艰巨的困难，馆长亲自带队，在全馆人员的共同努力下，于 2013 年 11 月完成了全部馆藏古籍的普查著录工作，成为浙江省第一个完成馆藏古籍普查工作的县级图书馆。并于 2015 年出版了《云和县图书馆古籍普查登记图目》，也是浙江省第一家发布古籍普查成果的单位。云和县图书馆在古籍普查工作中起到了模范带头作用，给全省古籍普查工作带来重大突破，也给其他藏书单位普查工作的开展提供了借鉴。

三、经验交流

　　浙江省古籍普查工作严格按照国家古籍保护中心发布的普查规范进行，同时根据自身情况，制订更为详细和可操作的细则，全省统一标准和要求，力求数据规范、准确，古籍普查工作得到了国家古籍保护中心的大力支持和肯定，通过全国性工作会议、各级培训等途径，浙江省古籍普查工作经验得以向全国各地宣传、推广。同时，其他各省市图书馆古籍同仁纷纷来浙考察古籍普查工作。

2011 年上海图书馆副馆长周德明、历史文献中心主任黄显功、
副主任陈先行等一行六人到浙江图书馆考察古籍普查工作

（一）通过全国性工作会议介绍经验

　　2010 年 12 月 20 日，由文化部主办、国家古籍保护中心承办的全国古籍保护工作会议在京召开。会议表彰了入选国务院公布的第三批《国家珍贵古籍名录》藏书单位和全国古籍重点保护单位，总结 2010 年古籍保护工作成果，部署下一阶段古籍保护工作任务。会上，浙江图书馆副馆长、浙江省古籍保护中心副主任徐晓军从前期的调研工作、有针对性地解决关键问题和合理制订普查计划等方面，介绍了浙江省古籍普查工作开展的相关情况。

2010 年 12 月 20 日"全国古籍保护工作会议"在京召开

　　2011 年 6 月 21—22 日，文化部主办的"全国古籍普查暨古籍保护技术交流会"在南京召开。省古籍保护中心副主任徐晓军等应邀参会。

2011 年 6 月 21—22 日"全国古籍普查暨古籍保护技术交流会"
浙江省四位参会人员合影

2013 年 11 月 7 日，"2013 年中国图书馆学会年会·中国图书馆展览会"在上海浦东世博展览馆拉开帷幕，受国家古籍保护中心邀请，浙江省古籍保护中心在展览会现场演示古籍普查工作流程。为了最真实地展示平时的普查工作状态，省古籍保护中心将平时普查工作中要用到的设备、工具书、待普查古籍等搬至展览场馆，同时配备了一台大屏幕的等离子电视机作为显示端口，两名普查员现场进行普查信息登记著录。文化部副部长杨志今观看了现场普查操作演示。

2013 年 11 月 7 日 "2013 年中国图书馆学会年会·中国图书馆展览会"
浙江省古籍保护中心演示现场

2014 年 10 月 11 日，在"2014 年中国图书馆年会——中国图书馆学会年会·中国图书馆展览会"期间召开的全国古籍保护工作会议上，浙江省文化厅厅长金兴盛受邀介绍浙江古籍保护工作开展情况和取得的成效。

（二）受邀为全国古籍普查培训班授课

受国家古籍保护中心邀请，从 2011 到 2015 年，省古籍保护中心多次派员为全国古籍普查培训班授课：

第三期古籍普查与《中华古籍总目》分省卷研修班（北京，2011.5.11—12）；第二十八期全国古籍普查培训班（重庆，2011.5.13）；全国中医古籍普查与保护培训班（安徽，2011.8.2）；第二十九期全国古籍普查培训班（乌鲁木齐，2011.8.6）；第七期全国古籍普查管理人员培训班（兰州，2012.6.19—23）；第九期全国古籍普查管理人员培训班（南京，2012.6.27—30）；第三十一期全国古籍普查培训班暨全国党校系统古籍普查培训班（杭州，2015.4.14—17）；第十期全国古籍普查登记目录审校人员培训班暨河北省第六期古籍普查培训班（石家庄，2015.6.12—13）。

四、普查成果

经过普查，摸清了全省各馆藏书家底，建立了古籍总台账，全面、准确地掌握了全省古籍的数量、价值、分布、保存状况等基本情况，为下一步有针对性地开展古籍保护工作奠定坚实的基础，如可据定级对古籍进行分级保护、据定损对古籍进行分批修复等。同时形成可供查阅的数字目录和书影，为古籍的开发利用提供便利，使古籍焕发新的生机。

浙江省古籍普查报告

（一）摸清古籍家底

1. 基本情况

1.1 文献总量

普查统计显示，全省95家单位共藏有中国传统装帧书籍337405部2506633册，其中不分卷者计31737部96822册，分卷者计305668部2409811册11433371卷（实存8223803卷）；古籍（含域外本）219862部1754943册，不分卷者15777部54901册，分卷者204085部1700042册7934703卷；民国时期传统装帧书籍117543部751690册，不分卷者15960部41921册，分卷者101583部709769册3498668卷。

藏量（册数）最多的是以下七家单位：浙江图书馆，占全省总藏量比为32.80%；浙江大学图书馆，为6.95%；宁波市天一阁博物馆，为6.33%；温州市图书馆，为6.03%；绍兴图书馆，为5.96%；嘉兴市图书馆，为3.69%；宁波市图书馆，为3.05%。这七家单位藏量合计占比64.86%。

95家单位中有93家藏有古籍，其中藏量（册数）最多的前七家单位为浙江图书馆、宁波市天一阁博物馆、浙江大学图书馆、绍兴图书馆、温州市图书馆、嘉兴市图书馆、宁波市图书馆，占全省古籍总藏量比分别为34.72%、7.37%、6.03%、5.99%、5.95%、3.89%、3.48%，共计67.48%。

95家单位中有94家单位藏有民国传统装帧书籍，其中藏量（册数）最多的前七家单位为浙江图书馆、浙江大学图书馆、温州市图书馆、绍兴图书馆、宁波市天一阁博物馆、嘉兴市图书馆、浙江省博物馆，占全省民国总藏量比分别为28.32%、9.09%、6.22%、5.90%、3.89%、3.21%、2.47%，共计59.10%。各单位藏量详见以下统计表。

表1—1 文献总量统计

部数统计						
单位	总部数	藏量占比（%）	古籍部数	藏量占比（%）	民国部数	藏量占比（%）
浙江图书馆	109153	32.34	70536	32.07	38617	32.84
浙江大学图书馆	14647	4.34	9013	4.10	5634	4.78
浙江中医药大学图书馆	1579	0.47	879	0.40	700	0.60
中国美术学院图书馆	1327	0.39	441	0.20	886	0.75
浙江师范大学图书馆	2110	0.63	1080	0.49	1030	0.88
杭州师范大学图书馆	1067	0.32	457	0.21	610	0.52
浙江省中医药研究院	2104	0.62	1425	0.65	679	0.58
浙江省博物馆	6564	1.95	3208	1.46	3356	2.86
杭州图书馆	5855	1.74	3103	1.41	2752	2.34
杭州市萧山区图书馆	120	0.04	72	0.03	48	0.04
杭州市余杭区图书馆	1078	0.32	691	0.31	387	0.33
桐庐县图书馆	264	0.08	142	0.06	122	0.10
建德市图书馆	640	0.19	306	0.14	334	0.28
富阳市图书馆	126	0.04	73	0.03	53	0.05
临安市图书馆	181	0.05	73	0.03	108	0.09
西泠印社社务委员会	779	0.23	507	0.23	272	0.23
淳安县图书馆	494	0.15	211	0.10	283	0.24
萧山博物馆	58	0.02	56	0.03	2	0.002
宁波市图书馆	7189	2.13	5370	2.44	1819	1.55
宁波市天一阁博物馆	22365	6.63	18536	8.43	3829	3.26
余姚市文物保护管理所	2496	0.74	1797	0.82	699	0.59
宁波市北仑区图书馆	8	0.002	0	0.00	8	0.01
宁波市鄞州区图书馆	90	0.03	34	0.02	56	0.05
慈溪图书馆	160	0.05	54	0.02	106	0.09
奉化市文物保护管理所	4430	1.31	2810	1.28	1620	1.38
宁波市镇海区文物保护管理所	1385	0.41	725	0.33	660	0.56
宁波市档案馆	42	0.01	23	0.01	19	0.02
温州市图书馆	23150	6.85	13994	6.36	9156	7.78
温州大学图书馆	495	0.15	287	0.13	208	0.18
瑞安中学	856	0.25	595	0.27	261	0.22
瑞安市博物馆	4119	1.22	2544	1.16	1575	1.34

单位	总部数	藏量占比（%）	古籍部数	藏量占比（%）	民国部数	藏量占比（%）
温州博物馆	329	0.10	293	0.13	36	0.03
平阳县图书馆	787	0.23	408	0.19	379	0.32
苍南县图书馆	20	0.006	10	0.005	10	0.01
文成县图书馆	382	0.11	254	0.12	128	0.11
泰顺县图书馆	386	0.11	327	0.15	59	0.05
平阳县档案馆	3	0.0009	1	0.0005	2	0.002
嘉兴市图书馆	12164	3.61	8507	3.87	3657	3.10
海宁市图书馆	4045	1.20	2507	1.14	1538	1.31
平湖市图书馆	6006	1.78	4345	1.98	1661	1.41
海盐县博物馆	952	0.28	615	0.28	337	0.29
嘉善县图书馆	5282	1.57	3501	1.59	1781	1.52
张元济图书馆	48	0.01	15	0.01	33	0.03
桐乡市图书馆	474	0.14	274	0.12	200	0.17
平湖市博物馆	399	0.12	265	0.12	134	0.11
平湖市莫氏庄园陈列馆	164	0.05	116	0.05	48	0.04
湖州师范学院图书馆	428	0.13	300	0.14	128	0.11
德清县博物馆	356	0.11	227	0.10	129	0.11
安吉县博物馆	1194	0.35	773	0.35	421	0.36
湖州市博物馆	1139	0.34	627	0.29	512	0.44
长兴县博物馆	373	0.11	194	0.09	179	0.15
湖州市图书馆	248	0.07	137	0.06	111	0.09
长兴县图书馆	141	0.04	68	0.03	73	0.06
绍兴图书馆	30074	8.90	18613	8.46	11461	9.74
上虞市图书馆	3937	1.17	2524	1.15	1413	1.20
诸暨市图书馆	2072	0.61	1132	0.51	940	0.80
嵊州市图书馆	3990	1.18	3325	1.51	665	0.57
绍兴文理学院图书馆	325	0.10	177	0.08	148	0.13
绍兴一中图书馆	371	0.11	254	0.12	117	0.10
绍兴市文管会	88	0.03	41	0.02	47	0.04
新昌县图书馆	7	0.002	4	0.002	3	0.003
绍兴县图书馆	2	0.0006	1	0.0005	1	0.0009
绍兴鲁迅纪念馆	784	0.23	543	0.25	241	0.21
义乌市图书馆	3384	1.00	2364	1.08	1020	0.87
东阳博物馆	4117	1.22	3185	1.45	932	0.79

单位	总部数	藏量占比（%）	古籍部数	藏量占比（%）	民国部数	藏量占比（%）
武义县图书馆	392	0.12	282	0.13	110	0.09
浦江县图书馆	565	0.17	369	0.17	196	0.17
磐安县图书馆	12	0.004	12	0.01	0	0.00
东阳市图书馆	6	0.002	4	0.002	2	0.002
永康市第一中学	21	0.006	19	0.01	2	0.002
兰溪市第一中学	74	0.02	14	0.01	60	0.05
兰溪市博物馆	1264	0.37	689	0.31	575	0.49
金华市博物馆	4084	1.21	2617	1.19	1467	1.25
衢州市博物馆	4655	1.38	3285	1.49	1370	1.17
常山县图书馆	430	0.13	350	0.16	80	0.07
开化县图书馆	532	0.16	281	0.13	251	0.21
江山市图书馆	1	0.0003	0	0.00	1	0.0009
舟山市图书馆	46	0.01	25	0.01	21	0.02
舟山市博物馆	100	0.03	77	0.04	23	0.02
台州市黄岩区图书馆	5454	1.62	3707	1.69	1747	1.49
仙居县图书馆	257	0.08	194	0.09	63	0.05
台州学院图书馆	271	0.08	164	0.07	107	0.09
温岭中学图书馆	86	0.03	60	0.03	26	0.02
临海市博物馆	3318	0.98	2412	1.10	906	0.77
天台图书馆	230	0.07	159	0.07	71	0.06
温岭市图书馆	709	0.21	456	0.21	253	0.22
临海市图书馆	9082	2.69	6218	2.83	2864	2.44
丽水市图书馆	650	0.19	508	0.23	142	0.12
青田县图书馆	3	0.0009	1	0.0005	2	0.002
缙云县图书馆	1965	0.58	1100	0.50	865	0.74
遂昌图书馆	863	0.26	469	0.21	394	0.34
松阳县图书馆	4	0.001	2	0.0009	2	0.002
云和县图书馆	1796	0.53	882	0.40	914	0.78
庆元县图书馆	356	0.11	220	0.10	136	0.12
龙泉市图书馆	777	0.23	317	0.14	460	0.39
合计	337405	100.00	219862	100.00	117543	100.00

册数统计						
单位	总册数	藏量占比（%）	古籍册数	藏量占比（%）	民国册数	藏量占比（%）
浙江图书馆	822372	32.80	609471	34.72	212901	28.31
浙江大学图书馆	174358	6.95	106030	6.03	68328	9.09
浙江中医药大学图书馆	9138	0.36	5846	0.33	3292	0.44
中国美术学院图书馆	10714	0.43	5139	0.29	5575	0.74
浙江师范大学图书馆	28289	1.13	13379	0.76	14910	1.98
杭州师范大学图书馆	16480	0.66	6329	0.36	10151	1.35
浙江省中医药研究院	8177	0.33	5862	0.33	2315	0.31
浙江省博物馆	35994	1.44	17464	1.00	18530	2.47
杭州图书馆	36793	1.47	18493	1.05	18300	2.43
杭州市萧山区图书馆	1366	0.05	851	0.05	515	0.07
杭州市余杭区图书馆	10424	0.42	7528	0.43	2896	0.39
桐庐县图书馆	2019	0.08	1229	0.07	790	0.11
建德市图书馆	7289	0.29	2012	0.11	5277	0.70
富阳市图书馆	1051	0.04	380	0.02	671	0.09
临安市图书馆	6415	0.26	495	0.03	5920	0.79
西泠印社社务委员会	3210	0.13	2202	0.13	1008	0.13
淳安县图书馆	1125	0.04	544	0.03	581	0.08
萧山博物馆	623	0.02	617	0.04	6	0.0008
宁波市图书馆	76440	3.05	61047	3.48	15393	2.05
宁波市天一阁博物馆	158841	6.33	129585	7.37	29256	3.89
余姚市文物保护管理所	34022	1.36	24104	1.37	9918	1.32
宁波市北仑区图书馆	52	0.002	0	0.00	52	0.01
宁波市鄞州区图书馆	1087	0.04	177	0.01	910	0.12
慈溪图书馆	6165	0.25	553	0.03	5612	0.75
奉化市文物保护管理所	31238	1.25	21475	1.22	9763	1.30
宁波市镇海区文物保护管理所	8627	0.34	4940	0.28	3687	0.49
宁波市档案馆	230	0.009	139	0.01	91	0.01
温州市图书馆	151353	6.03	104625	5.95	46728	6.22
温州大学图书馆	12306	0.49	3894	0.22	8412	1.12
瑞安中学	14578	0.58	11055	0.63	3523	0.47
瑞安市博物馆	31801	1.27	22583	1.29	9218	1.23
温州博物馆	1434	0.06	532	0.03	902	0.12

单位	总册数	藏量占比（%）	古籍册数	藏量占比（%）	民国册数	藏量占比（%）
平阳县图书馆	9630	0.38	5733	0.33	3897	0.52
苍南县图书馆	144	0.006	114	0.01	30	0.004
文成县图书馆	1263	0.05	1006	0.06	257	0.03
泰顺县图书馆	4711	0.19	4458	0.25	253	0.03
平阳县档案馆	32	0.001	1	0.00006	31	0.004
嘉兴市图书馆	92400	3.69	68273	3.89	24127	3.21
海宁市图书馆	26467	1.06	17997	1.03	8470	1.13
平湖市图书馆	36363	1.45	28138	1.60	8225	1.09
海盐县博物馆	4400	0.18	3380	0.19	1020	0.14
嘉善县图书馆	21011	0.84	16253	0.93	4758	0.63
张元济图书馆	417	0.02	197	0.01	220	0.03
桐乡市图书馆	4039	0.16	2390	0.14	1649	0.22
平湖市博物馆	1388	0.06	1051	0.06	337	0.04
平湖市莫氏庄园陈列馆	995	0.04	838	0.05	157	0.02
湖州师范学院图书馆	9729	0.39	4160	0.24	5569	0.74
德清县博物馆	3134	0.13	2429	0.14	705	0.09
安吉县博物馆	10335	0.41	8385	0.48	1950	0.26
湖州市博物馆	8516	0.34	5929	0.34	2587	0.34
长兴县博物馆	1813	0.07	1141	0.07	672	0.09
湖州市图书馆	3961	0.16	2045	0.12	1916	0.25
长兴县图书馆	893	0.04	461	0.03	432	0.06
绍兴图书馆	149612	5.96	105236	5.99	44376	5.90
上虞市图书馆	33458	1.33	25491	1.45	7967	1.06
诸暨市图书馆	15094	0.60	11267	0.64	3827	0.51
嵊州市图书馆	27409	1.09	20622	1.18	6787	0.90
绍兴文理学院图书馆	3230	0.13	1861	0.11	1369	0.18
绍兴一中图书馆	6446	0.26	5553	0.32	893	0.12
绍兴市文管会	626	0.03	327	0.02	299	0.04
新昌县图书馆	42	0.002	21	0.001	21	0.003
绍兴县图书馆	8	0.0003	4	0.0002	4	0.0005
绍兴鲁迅纪念馆	5302	0.21	2514	0.14	2788	0.37
义乌市图书馆	44202	1.76	28869	1.65	15333	2.04
东阳博物馆	18673	0.74	11410	0.65	7263	0.97
武义县图书馆	2294	0.09	1780	0.10	514	0.07

单位	总册数	藏量占比（%）	古籍册数	藏量占比（%）	民国册数	藏量占比（%）
浦江县图书馆	6310	0.25	4956	0.28	1354	0.18
磐安县图书馆	837	0.03	837	0.05	0	0.00
东阳市图书馆	75	0.003	68	0.004	7	0.0009
永康市第一中学	166	0.007	159	0.01	7	0.0009
兰溪市第一中学	1805	0.07	992	0.06	813	0.11
兰溪市博物馆	18397	0.73	9246	0.53	9151	1.22
金华市博物馆	30564	1.22	20678	1.18	9886	1.32
衢州市博物馆	27523	1.10	16492	0.94	11031	1.47
常山县图书馆	3635	0.15	3074	0.18	561	0.07
开化县图书馆	8609	0.34	1873	0.11	6736	0.90
江山市图书馆	92	0.004	0	0.00	92	0.01
舟山市图书馆	388	0.02	135	0.01	253	0.03
舟山市博物馆	270	0.01	193	0.01	77	0.01
台州市黄岩区图书馆	44803	1.79	35744	2.04	9059	1.21
仙居县图书馆	1770	0.07	1587	0.09	183	0.02
台州学院图书馆	2242	0.09	1443	0.08	799	0.11
温岭中学图书馆	4178	0.17	4036	0.23	142	0.02
临海市博物馆	10213	0.41	7365	0.42	2848	0.38
天台图书馆	1435	0.06	1058	0.06	377	0.05
温岭市图书馆	9452	0.38	7955	0.45	1497	0.20
临海市图书馆	54093	2.16	41126	2.34	12967	1.73
丽水市图书馆	2269	0.09	1723	0.10	546	0.07
青田县图书馆	32	0.001	10	0.0006	22	0.003
缙云县图书馆	10605	0.42	6913	0.39	3692	0.49
遂昌图书馆	3839	0.15	2559	0.15	1280	0.17
松阳县图书馆	14	0.0006	2	0.0001	12	0.002
云和县图书馆	3231	0.13	1574	0.09	1657	0.22
庆元县图书馆	5188	0.21	4054	0.23	1134	0.15
龙泉市图书馆	2550	0.10	1177	0.07	1373	0.18
合计	2506633	100.00	1754943	100.00	751690	100.00

分卷者卷数统计				
单位	总卷数	古籍卷数	民国卷数	实存卷数
浙江图书馆	3200775	2250201	950574	2435745
浙江大学图书馆	734881	409809	325072	617842
浙江中医药大学图书馆	54189	13133	41056	20667
中国美术学院图书馆	29570	17303	12267	26998
浙江师范大学图书馆	102298	52282	50016	100475
杭州师范大学图书馆	76326	31068	45258	75184
浙江省中医药研究院	29900	15160	14740	15101
浙江省博物馆	197543	101998	95545	112252
杭州图书馆	165747	99782	65965	112669
杭州市萧山区图书馆	5010	3790	1220	3992
杭州市余杭区图书馆	49303	33451	15852	37162
桐庐县图书馆	13305	9771	3534	7997
建德市图书馆	38630	15312	23318	29190
富阳市图书馆	5175	1414	3761	4566
临安市图书馆	27312	2011	25301	17843
西泠印社社务委员会	3001	2418	583	2953
淳安县图书馆	4319	2675	1644	2446
萧山博物馆	2794	2788	6	2103
宁波市图书馆	316343	259849	56494	261435
宁波市天一阁博物馆	1037888	868413	169475	515518
余姚市文物保护管理所	139584	111998	27586	131600
宁波市北仑区图书馆	100	0	100	100
宁波市鄞州区图书馆	6020	556	5464	3357
慈溪图书馆	22387	3305	19082	21418
奉化市文物保护管理所	152324	100623	51701	111286
宁波市镇海区文物保护管理所	44362	30531	13831	28521
宁波市档案馆	608	408	200	541
温州市图书馆	681458	486357	195101	526135
温州大学图书馆	37988	19074	18914	35386
瑞安中学	74568	62071	12497	56791
瑞安市博物馆	135756	103336	32420	118719
温州博物馆	14940	11384	3556	3693

单位	总卷数	古籍卷数	民国卷数	实存卷数
平阳县图书馆	39021	23889	15132	33256
苍南县图书馆	408	355	53	350
文成县图书馆	6492	5071	1421	3624
泰顺县图书馆	28276	27113	1163	16552
平阳县档案馆	153	4	149	102
嘉兴市图书馆	455642	307040	148602	305244
海宁市图书馆	120894	81057	39837	88611
平湖市图书馆	152070	112183	39887	115267
海盐县博物馆	22069	18562	3507	15668
嘉善县图书馆	117809	97823	19986	67267
张元济图书馆	1787	1077	710	1540
桐乡市图书馆	24051	14997	9054	16064
平湖市博物馆	4116	3167	949	3671
平湖市莫氏庄园陈列馆	5364	4405	959	2995
湖州师范学院图书馆	76703	13579	63124	35756
德清县博物馆	11086	9318	1768	8251
安吉县博物馆	51275	41599	9676	38196
湖州市博物馆	61101	29303	31798	31059
长兴县博物馆	7393	5134	2259	5670
湖州市图书馆	28666	10436	18230	12674
长兴县图书馆	4491	2055	2436	2658
绍兴图书馆	665955	488009	177946	461288
上虞市图书馆	147900	113794	34106	120521
诸暨市图书馆	86414	72068	14346	57482
嵊州市图书馆	135117	104927	30190	97297
绍兴文理学院图书馆	11890	6460	5430	10434
绍兴一中图书馆	25311	22401	2910	22735
绍兴市文管会	1493	812	681	1317
新昌县图书馆	117	33	84	92
绍兴县图书馆	8	4	4	8
绍兴鲁迅纪念馆	23272	13085	10187	11231
义乌市图书馆	199020	122920	76100	171504
东阳博物馆	123007	77025	45982	66692
武义县图书馆	22343	16772	5571	10990

单位	总卷数	古籍卷数	民国卷数	实存卷数
浦江县图书馆	26799	20864	5935	22726
磐安县图书馆	3037	3037	0	2472
东阳市图书馆	391	384	7	297
永康市第一中学	669	657	12	585
兰溪市第一中学	25423	11061	14362	10420
兰溪市博物馆	104284	59870	44414	79190
金华市博物馆	175494	109719	65775	118280
衢州市博物馆	143302	94129	49173	98017
常山县图书馆	14914	12375	2539	10925
开化县图书馆	48598	16032	32566	37949
江山市图书馆	96	0	96	92
舟山市图书馆	2086	311	1775	1037
舟山市博物馆	1240	982	258	491
丽水市图书馆	10735	8819	1916	5410
青田县图书馆	48	19	29	43
缙云县图书馆	53714	38814	14900	38604
遂昌图书馆	29008	22795	6213	16633
松阳县图书馆	124	52	72	73
云和县图书馆	13532	6944	6588	6306
庆元县图书馆	22262	16717	5545	16907
龙泉市图书馆	26326	20078	6248	8654
合计	11433371	7934703	3498668	8223803

1.2 文献类型

古籍普查平台采用六部分类，在传统的经、史、子、集四部外加上类丛部、新学。从册数来看，全省文献类丛部数量最多，占比 29.40%，这其中很大一部分原因在于民国时期刊印不少大型丛书。史部、集部、子部、经部分居第二至五位，占比分别为 28.98%、18.00%、13.48%、9.24%。新学数量最少，占比 0.85%。

表1—2 按文献类型统计

文献类型	部数	数量占比（%）	册数	数量占比（%）
经部	31042	9.20	231587	9.24
史部	81272	24.09	726541	28.98
子部	83671	24.80	338041	13.48
集部	96596	28.63	451197	18.00
类丛部	38202	11.32	736851	29.40
新学	6317	1.87	21225	0.85
未分类	305	0.09	1191	0.05
合计	337405	100.00	2506633	100.00

图1—1 文献类型比例图

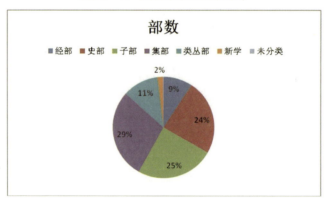

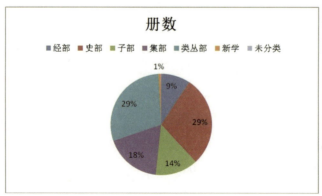

1.3 版本类型

全省古籍版本类型丰富，数量最多的是刻本，部数占比 51.02%、册数占比 55.05%。部数排在第二至第四位的是铅印本、石印本、抄本，分别占比 17.71%、16.58%、5.19%。册数排在第二至第四位的是铅印本、石印本、影印本，分别占比 14.27%、12.39%、11.38%，这与将民国传统装帧书籍纳入古籍普查范围有极大关系。稿、抄本部数占比 6.9%、册数占比 4.04%，总体占比不是很高，但在一、二级文献中稿、抄本的比率比较高，一级中部数占比 20.49%、册数占比 70.25%，二级中部数占比 13.16%、册数占比 6.57%。

表 1—3 按版本类型统计

版本类型	部数	数量占比（%）	册数	数量占比（%）
刻本	172124	51.02	1379833	55.05
抄本	17526	5.19	84004	3.35
稿本	5778	1.71	17364	0.69
活字本	6056	1.80	48042	1.92
钤印本	2135	0.63	7530	0.30
影印本	16098	4.77	285220	11.38
石印本	55938	16.58	310734	12.39
铅印本	59762	17.71	357721	14.27
其他	1988	0.59	16185	0.65
合计	337405	100.00	2506633	100.00

图1—2 版本类型比例图

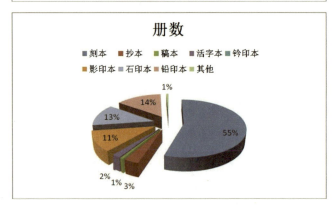

1.4 版本年代

全省藏书版本年代从南北朝以迄民国,并有部分日本、朝鲜、越南本。其中南北朝、唐、五代计19部20卷(册),均为经卷,分藏浙江图书馆(南北朝2部2卷、唐12部13卷／册)、温州博物馆(唐3部3卷、五代1部1卷)、西泠印社社务委员会(唐1部1卷)。宋代计67部508册(卷),多为宋刻宋以后历代递修本,分藏浙江图书馆(19部217册)、宁波市天一阁博物馆(32部266册)、温州博物馆(13部19册／卷)、杭州图书馆(1部3册)、浙江大学图书馆(1部2册)、西泠印社社务委员会(1部1卷)。蒙古本2部38册,是同一部书,浙江大学图书馆藏全本（32 册），宁波市天一阁博物馆藏残本（6 册）。元代计 156 部 2971 册，分藏浙江图书馆（67 部 2064 册）、宁波市天一阁博物馆（53 部 374 册）、浙江大学图书馆（13 部 290 册）、绍兴图书馆（5 部 7 册）、杭州图书馆（4 部 24 册）、浙江省博物馆（3 部 33 册）、临海市图书馆（3 部 12 册）、海宁市图书馆（2 部 4 册）、温州市图书馆（2 部 3 册）、宁波市图书馆（1 部 72 册）、余姚市文物保护管理所（1 部 63 册）、台州市黄岩区图书馆（1 部 15 册）、上虞市图书馆（1 部 10 册），其中有多部元刻递修《玉海》。明、清、民国三代共计 2486788 册，数量占比 99.21%：明代数量占比 5.95%；清代数量占比 63.27%，其中乾隆前有明确年号的顺治本 3433 册、康熙本 82927 册、雍正本 38450 册、乾隆本 158306 册，共计 283116 册，数量占比 11.29%；民国数量占比 29.99%。日本、朝鲜、越南三国本共计 1877 部 14522 册，部数、册数占比分别为 0.56%、0.58%。

表 1—4 按版本年代统计

版本年代		部数		数量占比（%）		册数		数量占比（%）	
南北朝		2		0.0006		2		0.00008	
唐		16		0.005		17		0.0007	
五代		1		0.0003		1		0.00004	
宋		67		0.02		508		0.02	
蒙古		2		0.0006		38		0.002	
元		156		0.05		2791		0.11	
明		13687		4.05		149095		5.95	
清		203149		60.21		1585846		63.27	
民国		117562		34.84		751847		29.99	
外国	日本	1877	1563	0.56	0.46	14522	12979	0.58	0.52
	朝鲜		289		0.09		1498		0.06
	越南		25		0.007		45		0.002
其他		886		0.26		1966		0.08	
合计		337405		100.00		2506633		100.00	

图1—3 版本各年代古籍总数比例图

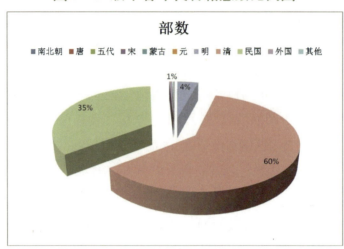

部数

■南北朝 ■唐 ■五代 ■宋 ■蒙古 ■元 ■明 ■清 ■民国 ■外国 ■其他

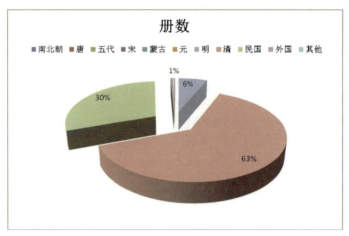

册数

■南北朝 ■唐 ■五代 ■宋 ■蒙古 ■元 ■明 ■清 ■民国 ■外国 ■其他

1.5 版本定级

　　全省四级文献最多,部数、册数占比分别为84.75%、78.69%。三级次之,部数、册数占比分别为13.12%、15.96%。一级、二级文献占比4.46%,量虽不多,极为珍贵,详情见1.6"一、二级古籍分布情况"。

表1—5 按版本定级统计

定级		部数		数量占比（%）		册数		数量占比（%）	
一级	甲等	371	77	0.11	0.02	53303	357	2.13	0.01
	乙等		132		0.04		1518		0.06
	丙等		162		0.05		51428		2.05
二级	甲等	5318	1187	1.58	0.35	58419	23530	2.33	0.94
	乙等		3136		0.93		26273		1.05
	丙等		995		0.29		8616		0.34
三级	甲等	44262	10568	13.12	3.13	400064	111837	15.96	4.46
	乙等		25370		7.52		242687		9.68
	丙等		8324		2.47		45540		1.82
四级		285963		84.75		1972458		78.69	
未定级		1491		0.44		22389		0.89	
合计		337405		100.00		2506633		100.00	

图1—4 版本各级总数比例图

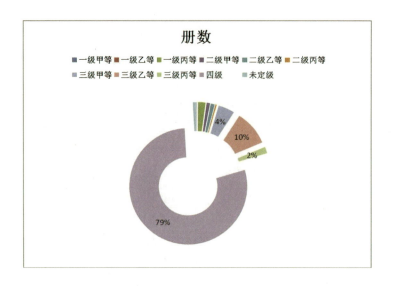

1.6 一、二级古籍分布情况

全省一、二级珍贵文献共计 5689 部 111722 册,册数占总藏量的 4.46%。一级文献 371 部 53303 册,其中一级甲等 77 部 357 册、一级乙等 132 部 1518 册、一级丙等 162 部 51428 册。二级文献 5318 部 58419 册,其中二级甲等 1187 部 23530 册、二级乙等 3136 部 26273 册、二级丙等 995 部 8616 册。

表1—6—1 按一级甲等统计

单位	部数	册数
浙江图书馆	20	22
宁波市天一阁博物馆	35	273
浙江大学图书馆	2	34
温州博物馆	17	23
西泠印社社务委员会	2	2
绍兴鲁迅纪念馆	1	3
合计	77	357

图 1—5—1 一级甲等古籍总数图

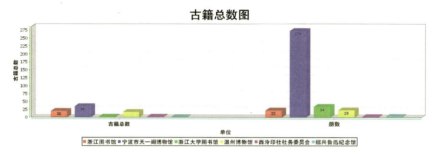

表 1—6—2 按一级乙等统计

单位	部数	册数
浙江图书馆	38	575
宁波市天一阁博物馆	71	458
海宁市图书馆	2	4
余姚市文物保护管理所	1	7
绍兴图书馆	4	5
上虞市图书馆	1	10
浙江大学图书馆	12	253
浙江省博物馆	2	32
温州博物馆	1	174
合计	132	1518

图 1—5—2 一级乙等古籍总数图

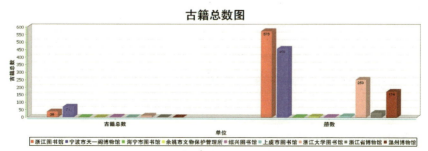

表 1—6—3 按一级丙等统计

单位	部数	册数
浙江图书馆	71	46344
杭州图书馆	13	74
宁波市图书馆	1	72
温州市图书馆	3	18
宁波市天一阁博物馆	50	4541
海宁市图书馆	3	12
台州市黄岩区图书馆	1	15
义乌市图书馆	1	2
浙江大学图书馆	12	253
浙江师范大学图书馆	1	64
瑞安市博物馆	1	16
温州博物馆	1	2
绍兴市文管会	1	6
西泠印社社务委员会	2	5
湖州市图书馆	1	4
合计	162	51428

图 1—5—3 一级丙等古籍总数图

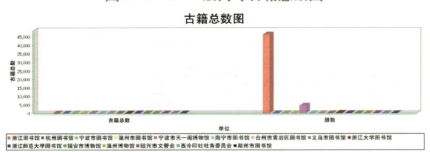

表 1—6—4 按二级甲等统计

单位	部数	册数
浙江图书馆	389	12059
杭州图书馆	21	191
宁波市图书馆	1	1
温州市图书馆	23	738
宁波市天一阁博物馆	543	2597
杭州市余杭区图书馆	1	19
嘉兴市图书馆	7	5614
海宁市图书馆	7	47
平湖市图书馆	1	8
余姚市文物保护管理所	2	3
绍兴图书馆	3	32
上虞市图书馆	1	24
诸暨市图书馆	2	5
嵊州市图书馆	3	12
台州市黄岩区图书馆	4	25
浙江大学图书馆	123	1780
浙江中医药大学图书馆	1	4
中国美术学院图书馆	1	12
浙江师范大学图书馆	4	75
温州大学图书馆	2	15
浙江省博物馆	8	73
德清县博物馆	1	1
湖州市博物馆	4	4
海盐县博物馆	2	12
临海市博物馆	7	32
瑞安市博物馆	12	92
东阳博物馆	3	20
衢州市博物馆	2	8
平阳县图书馆	1	8
嘉善县图书馆	1	2
湖州市图书馆	1	3
天台图书馆	1	4
龙泉市图书馆	1	1
舟山市博物馆	1	2
平湖市博物馆	1	2
金华市博物馆	2	5
合计	1187	23530

图1—5—4 二级甲等古籍总数图

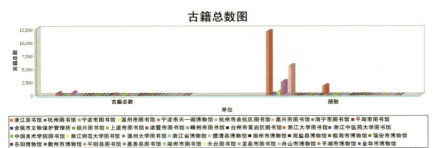

古籍总数图

浙江图书馆 ■杭州图书馆 ■宁波市图书馆 ■温州市图书馆 ■宁波市天一阁博物馆 ■杭州市余杭区图书馆 ■嘉兴市图书馆 ■海宁市图书馆 ■平湖市图书馆
余姚市文物保护管理所 ■绍兴图书馆 ■上虞市图书馆 ■诸暨市图书馆 ■嵊州市图书馆 ■台州市黄岩区图书馆 ■浙江大学图书馆 ■浙江中医药大学图书馆
中国美术学院图书馆 ■浙江师范大学图书馆 ■温州大学图书馆 ■浙江省博物馆 ■德清县博物馆 ■湖州市博物馆 ■海盐县博物馆 ■临海市博物馆 ■瑞安市博物馆
东阳博物馆 ■衢州市博物馆 ■平阳县图书馆 ■嘉善县图书馆 ■湖州市图书馆 ■天台图书馆 ■龙泉市图书馆 ■舟山市博物馆 ■平湖市博物馆 ■金华市博物馆

表1—6—5 按二级乙等统计

单位	部数	册数
浙江图书馆	887	11153
杭州图书馆	64	621
宁波市图书馆	4	41
温州市图书馆	66	793
宁波市天一阁博物馆	1658	8333
杭州市余杭区图书馆	2	10
桐庐县图书馆	1	30
嘉兴市图书馆	23	166
海宁市图书馆	5	40
平湖市图书馆	6	106
余姚市文物保护管理所	5	41
绍兴图书馆	30	159
上虞市图书馆	4	33
诸暨市图书馆	5	49
嵊州市图书馆	2	66
台州市黄岩区图书馆	7	26
义乌市图书馆	7	137
浙江大学图书馆	210	3012
浙江中医药大学图书馆	3	22
中国美术学院图书馆	5	18
浙江师范大学图书馆	3	76
杭州师范大学图书馆	2	3
浙江省中医药研究院	7	49

浙江省博物馆	29	102
德清县博物馆	3	65
安吉县博物馆	2	13
海盐县博物馆	1	1
临海市博物馆	18	614
瑞安市博物馆	8	41
绍兴市文管会	2	25
东阳博物馆	7	20
衢州市博物馆	3	3
西泠印社社务委员会	29	143
文成县图书馆	1	5
泰顺县图书馆	1	3
嘉善县图书馆	4	24
湖州市图书馆	6	106
磐安县图书馆	1	4
常山县图书馆	1	2
临海市图书馆	10	55
萧山博物馆	1	6
金华市博物馆	1	26
绍兴鲁迅纪念馆	1	21
平湖市莫氏庄园陈列馆	1	10
合计	3136	26273

图1—5—5 二级乙等古籍总数图

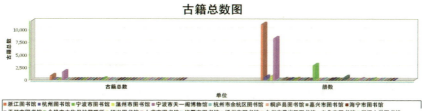

表1—6—6 按二级丙等统计

单位	部数	册数
浙江图书馆	599	5752
杭州图书馆	79	534
宁波市图书馆	3	40
温州市图书馆	12	187
宁波市天一阁博物馆	94	448
杭州市余杭区图书馆	2	9
嘉兴市图书馆	78	391
海宁市图书馆	2	33
平湖市图书馆	2	8
余姚市文物保护管理所	5	318
绍兴图书馆	24	176
上虞市图书馆	1	8
诸暨市图书馆	1	12
嵊州市图书馆	2	10
义乌市图书馆	1	2
浙江大学图书馆	31	177
中国美术学院图书馆	3	11
湖州师范学院图书馆	1	4
瑞安中学	1	14
浙江省博物馆	4	5
湖州市博物馆	4	72
临海市博物馆	2	15
瑞安市博物馆	3	24
奉化市文物保护管理所	1	4
东阳博物馆	9	29
衢州市博物馆	10	43
泰顺县图书馆	1	4
嘉善县图书馆	9	107
湖州市图书馆	1	24
天台图书馆	1	8
缙云县图书馆	1	2
遂昌图书馆	1	1
临海市图书馆	2	110
萧山博物馆	1	6
平湖市博物馆	2	4
宁波市镇海区文物保护管理所	2	24
合计	995	8616

图1—5—6 二级丙等古籍总数图

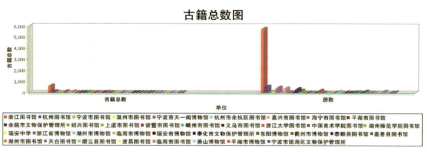

古籍总数图

1.7 破损情况

按照一级破损、二级破损、三级破损、四级破损、五级破损及未破损统计，未破损的数量占比30.98%。四级破损数量较大，占比36.39%，但其中有很大一部分为纸张轻微老化的四级破损。较严重破损数量占比较少，特别是一级破损数量占比1.16%，二级破损数量占比1.83%。从文献级别来看，一、二级文献的破损情况较轻：一级甲等一级破损的有2部2册、二级破损的有3部28册、三级破损的有13部102册；一级乙等一级破损的有3部15册、二级破损的有3部25册、三级破损的有25部252册；一级丙等一级破损的有4部108册、二级破损的有4部339册、三级破损的有16部599册；二级甲等一级破损的有23部260册、二级破损的有30部159册、三级破损的有137部2987册；二级乙等一级破损的有7部243册、二级破损的有71部392册；二级丙等一级破损的有8部41册、二级破损的有11部63册。

表1—7 按破损情况统计

定损级别	册数	数量占比（%）
一级	28974	1.16
二级	45916	1.83
三级	276635	11.04
四级	912224	36.39
五级	461184	18.40
未破损	776581	30.98
定损有问题	5119	0.20
合计	2506633	100.00

图1—6 各级破损比例图

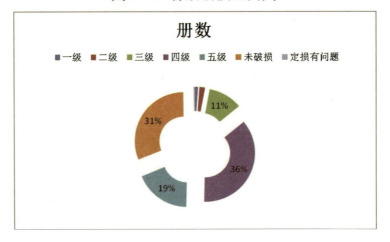

1.8 装具情况

全省古籍无装具者居多，占总数的71.38%。有装具者，装具类型多为木夹板、木书盒，兼有少量书套，装具状况良好，其破损者数量占比4.52%。一、二级文献基本上都制作了装具，且装具状况良好：一级甲等完好25部83册、基本完好1部1册、破损0部0册；一级乙等完好56部864册、基本完好4部39册、破损0部0册；一级丙等完好 84 部 40777 册、基本完好 8 部 9688 册、破损 0 部 0 册。二级甲等完好 560 部 11101 册、基本完好 27 部 322 册、破损 11 部 559 册；二级乙等完好 1236 部 13160 册、基本完好 78 部 1611 册、破损 20 部 210 册；二级丙等完好 597 部 5257 册、基本完好 41 部 694 册、破损 11 部 232 册。

表 1—8 按装具情况统计

装具情况	册数	数量占比（%）
完好	444957	17.75
基本完好	159245	6.35
破损	113291	4.52
无装具	1789140	71.38
合计	2506633	100.00

图 1—7 装具情况比例图

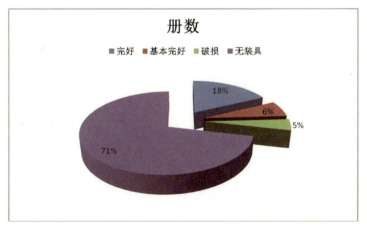

1.9 批校题跋情况

历代学者或藏书家,得到自己喜爱的书籍时,往往加以考证,对版刻源流和个人研究所得,常在卷首或卷尾,或前后扉叶上书写题跋、识语,叙述其内容正误、版刻时代、流传情况、收藏源流及个人得书经过等等。从全省各馆藏书的批校题跋者来看,有鲜明的馆域特色,从一个侧面体现了某馆的文献来源。如宁波市天一阁博物馆的主要批校题跋者为朱鼎煦、冯贞群;临海市博物馆的主要批校题跋者为项士元、王舟瑶;浙江省博物馆的主要批校题跋者为沈曾植;嘉兴市图书馆的主要批校题跋者为祝廷锡、金蓉镜;温州市图书馆的主要批校题跋为杨绍廉、张枫、梅冷生、孙诒让等孙氏(孙衣言、孙锵鸣、孙延钊);宁波市图书馆的主要批校题跋者为张美翊;浙江图书馆的批校题跋者比较分散,其中章钦、王修、刘承幹、孙峻、张宗祥等人的批校题跋比较多。

全省有姓名可考的批校题跋共计15374部,占总藏量(337405部)的4.56%:古籍9557部,占全部古籍藏量的4.35%,占全部批校题跋的62.16%;民国5817部,占全部民国藏书籍的4.96%,占全部批校题跋的37.84%。从文献类型来看,集部书中批校题跋最多,占全部批校题跋的38.73%,在相对应文献类型中的比例亦最高,集部有批校题跋的文献占全部集部文献的6.16%。从相对应版本类型来看,稿本中批校题跋的比例最高,为16.18%。且稿本中有多人批校题跋的量最多,多者一部稿本中的批校题跋者达25位,如浙江图书馆藏沈蕉青稿本《灯青茶嫩草》三卷中有孙麟趾、徐青照、王泳、春樵、严城、费丹旭、叶申芗、章荃、赵元林、卞勋、童珂、陈麒、孙璇、舒化民、沈凤飞、严仪韶、陈淇、陈经、王相鎏、王宗庆、沈云槎、胡光戊、吕耀钤、琴生、马燮堂等25人的批校题跋。

表1—9 批校题跋统计

按朝代统计			
朝　　代		批校题跋部数	数量占比（%）
古籍	经部	9557	996
	史部		1967
	子部		2169
	集部		3725
	类丛部		598
	新学		102

按朝代统计		批校题跋部数	数量占比（%）
古籍	经部	996	6.48
	史部	1967	12.79
	子部	2169	14.11
	集部	3725	24.23
	类丛部	598	3.89
	新学	102	0.66
		9557	62.16
民国	经部	334	2.17
	史部	1309	8.51
	子部	1460	9.50
	集部	2229	14.50
	类丛部	336	2.19
	新学	149	0.97
		5817	37.84
合计		15374	100.00

按文献类型统计			
文献类型	总部数	批校题跋部数	数量占比（%）
经部	31042	1330	4.28
史部	81272	3276	4.03
子部	83671	3629	4.34
集部	96596	5954	6.16
类丛部	38202	934	2.44
新学＋其他	6317＋305	251	3.97
合计	337405	15374	4.56

按版本类型统计			
版本类型	总部数	批校题跋部数	数量占比（%）
刻本	172124	6674	3.88
抄本	17526	2604	14.86
稿本	5778	935	16.18
活字本	6056	201	3.32
钤印本	2135	250	11.71
影印本	16098	499	3.10
石印本	55938	1732	3.10
铅印本	59762	2336	3.91
其他	1988	143	7.19
合计	337405	15374	4.56

1.10 钤印情况

学者或藏家于题识之外，还常钤盖自家图章印记。通过各家收藏的钤印，可以帮助识别版刻时代，并可看出书籍的递藏源流。全省337405 部文献中有 51509 部有收藏钤印，钤印多于 1 方者有 24840 部，钤印多者达一部 54 方，如宁波市天一阁博物馆藏清初毛氏汲古阁影宋抄本《集韵》十卷上钤毛晋、毛扆、段玉裁、朱鼎煦四人共计 54 方印。各级文献钤印比例随级别的增高而加大，一至四级文献的钤印占比分别为 50.67%、49.38%、26.00%、12.90%。从文献类型来看，经部、集部钤印所占比例最高，分别为 17.89%、17.38%；类丛部、史部钤印所占比例最低，分别为 12.23%、13.16%；其他子部占比 15.36%、新学占比14.71%。

表1—10 钤印统计

按版本定级统计									
级别		总部数		钤印部数		数量占比（%）		印超1方者部数	
一级	甲等		77		35		45.45		17
	乙等	371	132	188	69	50.67	52.27	133	50
	丙等		162		84		51.85		66
二级	甲等		1187		575		48.44		384
	乙等	5318	3136	2626	1547	49.38	49.33	1559	806
	丙等		995		504		50.65		369
三级	甲等		10568		3720		35.20		2371
	乙等	44262	25370	11510	6531	26.00	25.74	7094	3971
	丙等		8324		1259		15.12		752
四级		285963		36887		12.90		16010	
合计		335914		51211		15.24		24796	

按文献类型统计			
级别	总部数	钤印部数	数量占比（%）	印超1方者部数
经部	31042	5554	17.89	2632
史部	81272	10699	13.16	5112
子部	83671	12850	15.36	5627
集部	96596	16786	17.38	8650
类丛部	38202	4691	12.23	2412
新学	6317	929	14.71	407
合计	337100	51509	15.28	24840

2. 评选珍贵古籍

通过申报《国家珍贵古籍名录》、评选《浙江省珍贵古籍名录》，建立珍贵古籍分级保护体系，是古籍保护工作的一项重要措施，是推进全省古籍保护工作的重要抓手，也是全省古籍普查工作的重要的阶段性成果。

2007 年 9 月 14 日在浙江图书馆二楼会议室举办国家珍贵古籍名录
和全国古籍重点保护单位申报培训班

自 2008 年始，文化部共组织评选了五批《国家珍贵古籍名录》，浙江省共有 23 家单位收藏的 871 部珍贵古籍入选（见附件 5），占全部国家珍贵古籍（12274 部）的 7.1%。其中第一批入选 101 部，第二批入选 297 部，第三批入选 308 部，第四批入选 47 部，第五批入选 118 部。

同时省文化厅组织开展《浙江省珍贵古籍名录》的评选工作，其申报条件是：《古籍定级标准》（WH/T20-2006）规定的一至三级古籍、历代浙江籍著名历史人物的稀见稿抄校本、保存浙江重要史地文化史料的古籍。自 2012 年始，省文化厅共组织评选了三批《浙江省珍贵古籍名录》，共计评选 609 部省级珍贵古籍（见附件 6），由省政府批准、发布。其中第一批入选 228 部，第二批入选 197 部，第三批入选 184 部。

《浙江省珍贵古籍名录》评审会现场

3. 编纂普查登记目录

普查登记著录基本完成后，省古籍保护中心于 2016 年 6 月成立由浙江图书馆、宁波市图书馆、宁波市天一阁博物馆、余姚市文物保护管理所、温州市图书馆、嘉兴市图书馆、绍兴图书馆、衢州市博物馆 8 家单位的 14 名普查业务骨干组成的浙江省古籍普查登记目录统校和编纂工作小组，开始着手全省普查数据的统校和古籍普查登记目录的编纂工作。

根据《全国古籍普查登记目录审校要求》《古籍普查登记表格整理规范》的要求，省古籍保护中心制定《浙江省古籍普查登记目录编纂工作方案》《浙江省古籍普查数据统校细则》，用于指导全省的数据统校和登记目录的编纂。

统校和编纂工作程序是：导出普查平台中的数据，首先区分古籍和民国时期传统装帧书籍，按照普查编号、索书号、分类、题名卷数、著者、版本、批校题跋、册数、存缺卷等几项登记目录的出版款目对表格进行整理，整理后按照题名进行排列分给各统校员进行统校，统校结束后的数据按行政区域进行汇总交由分区负责人进行覆核，覆核结束后由省古籍保护中心发还各馆进行财产信息核对和重大著录信息修改认定，同时撰写前言、编委会，经各馆认定并由分区负责人进行最后审定，审定结束后提交国家图书馆出版社，开始出版流程。

根据分区域出版和达到一定条数可以单独成书的原则，全省古籍普查登记目录大致分列以下 19 种：浙江图书馆；浙江大学图书馆；浙江省博物馆等六家单位；杭州地区杭州图书馆等十家单位；宁波市天一阁博物馆；宁波市图书馆；宁波地区余姚市文物保护管理所等六家单位和舟山地区舟山市图书馆等二家单位；温州市图书馆；温州地区温州大学图书馆等九家单位；嘉兴市图书馆；平湖市图书馆；嘉兴地区嘉善县海宁市图书馆等七家单位；绍兴图书馆；绍兴地区上虞市图书馆等九家单位；衢州地区衢州市博物馆等三家单位和湖州地区湖州师范学院图书馆等七家单位；丽水地区丽水市图书馆等八家单位；临海市图书馆；台州地区台州市黄岩区图书馆等七家单位；金华地区义乌市图书馆等十家单位。

（二）揭示地区文脉

1. 特色文献

在古籍普查过程中，珍贵批校本、孤本、特色文献、乡邦文献等等，时有新发现让人振奋。以下撷取县馆两例、中学图书馆一例管窥：

平阳县图书馆藏有一批颇富特色的乡邦文献，如刘绍宽、王理孚等本地重要历史人物的著作。还藏有一些海内外孤本，比如民国年间抄写的《增订玉蜻蜓鼓词》《桃花扇鼓词》，是平阳籍作者黄光将古典戏曲名著《玉蜻蜓》《桃花扇》改编成温州鼓词唱本，艺术价值颇高。特别是《增订玉蜻蜓鼓词》散佚多年，现于古籍普查之际重见天日，弥足珍贵。该馆还藏有王氏"我屋丛钞"系列抄本，该县先贤王理孚组织抄写了近20部温州王氏族人的著作，并加以批校题跋，文献价值颇高。

云和县图书馆通过古籍的整理与普查，在馆藏古籍中发现了一批特色文献，包括道教抄本、稀见家族谱牒、畲族文献等。值得瞩目的是从明末传承延续至今的道教抄本近400册，这批抄本成书年代自明末至民国，内容前后相继，反映了近四百年来云和地区民间道教活动的发展变化，也为研究道教的发展演变历史提供重要的参考依据。

绍兴一中图书馆的书比较普通，但对学校来说尤为珍贵的是古籍上留存了各个时期的书章，从清末的绍郡中西学堂、绍兴府学堂、府中学堂，到民国时期的省立五中、省立绍兴初级中学、省立绍兴中学，抗日流亡时期的省立绍中崇仁分部，以及历史上并入该校的省立五师、县立舜阳中学、县立绍兴中学等，皆有书章为证，加上"古越藏书楼图记""会稽徐氏检盦见本""山会两县劝学所"等等，古籍中的印章共计 32 种之多。校史脉络清晰可见, 可谓一部完整的学校发展史。

2. 古籍藏书单位统计

2.1 按行政区划统计

全省 95 家单位分属杭州地区等 11 个行政区域和省级单位。其中杭州、绍兴、金华三个地区藏书单位最多, 各 10 个, 衢州地区、舟山地区藏书单位数量较少, 分别为 4 个、2 个。

表 2—1 按行政区划统计

行政区域	收藏单位数量（个）	数量占比（%）
省级	8	8.42
杭州地区	10	10.53
宁波地区	9	9.47
温州地区	10	10.53
嘉兴地区	9	9.47
湖州地区	7	7.37
绍兴地区	10	10.53
金华地区	10	10.53
衢州地区	4	4.21
舟山地区	2	2.11
台州地区	8	8.42
丽水地区	8	8.42
合计	95	100.00

图 2—1 各行政区域收藏单位数量图

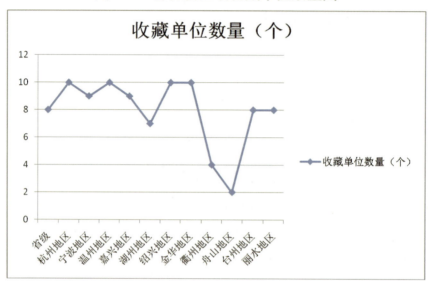

2.2 按所属系统统计

全省藏书单位分属公共图书馆、文物、教育、档案、卫生五大系统。排在前三位的为公共图书馆系统，数量占比 56.84%；文物系统，占比 25.26%；教育系统，占比 14.74%。档案系统及卫生系统数量较少，分别为 2 个和 1 个。

表 2—2 按所属系统统计

所属系统	收藏单位数量（个）	数量占比（%）
公共图书馆系统	54	56.84
文物系统	24	25.26
教育系统	14	14.74
档案系统	2	2.11
卫生系统	1	1.05
合计	95	100.00

图 2—2 各系统收藏单位数量比例图

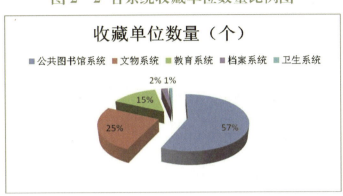

2.3 按行政级别统计

县区级藏书单位数量最多，共 60 个，数量占比 63.16%。省级藏书单位数量最少，仅有 8 个。

表 2—3 按行政级别统计

行政级别	收藏单位数量（个）	数量占比（％）
省级	8	8.42
地市级	27	28.42
县区级	60	63.16
合计	95	100.00

图 2—3 各行政级别收藏单位数量比例图

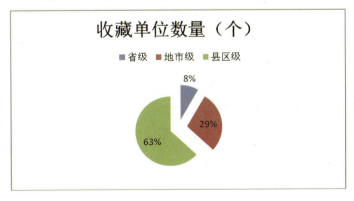

3. 古籍藏量分布情况统计

3.1 按行政区划统计

全省 95 家单位，除省级单位外，分属杭州地区、宁波地区、温州地区、嘉兴地区、湖州地区、绍兴地区、金华地区、衢州地区、舟山地区、台州地区、丽水地区 11 个行政区域。其中，省级藏量最多，部数占比 41.06%，册数占比 44.10%。剩下的部数占比依次为绍兴地区（12.34%）、宁波地区（11.31%）、温州地区（9.05%）、嘉兴地区（8.75%）、台州地区（5.75%）、金华地区（4.13%）、杭州地区（2.84%）、丽水地区（1.90%）、衢州地区（1.67%）、湖州地区（1.15%）、舟山地区（0.04%）；册数占比依次为宁波地区（12.63%）、绍兴地区（9.62%）、温州地区（9.07%）、嘉兴地区（7.48%）、台州地区（5.11%）、金华地区（4.92%）、杭州地区（2.81%）、衢州地区（1.59%）、湖州地区（1.53%）、丽水地区（1.11%）、舟山地区（0.03%）。

表 3—1—1 按省级统计

单位	部数	藏量占比（%）	册数	藏量占比（%）
浙江图书馆	109153	32.35	822372	32.80
浙江大学图书馆	14647	4.34	174358	6.95
浙江中医药大学图书馆	1579	0.47	9138	0.36
中国美术学院图书馆	1327	0.39	10714	0.43
浙江师范大学图书馆	2110	0.63	28289	1.13
杭州师范大学图书馆	1067	0.32	16480	0.66
浙江省中医药研究院	2104	0.62	8177	0.33
浙江省博物馆	6564	1.95	35994	1.44
合计	138551	41.06	1105522	44.10

图 3—1—1 省级单位古籍总数图

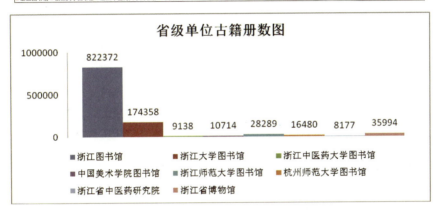

表 3—1—2 按杭州地区统计

单位	部数	藏量占比（%）	册数	藏量占比（%）
杭州图书馆	5855	1.74	36793	1.48
杭州市萧山区图书馆	120	0.04	1366	0.05
杭州市余杭区图书馆	1078	0.32	10424	0.42
桐庐县图书馆	264	0.08	2019	0.08
建德市图书馆	640	0.19	7289	0.29
富阳市图书馆	126	0.04	1051	0.04
临安市图书馆	181	0.05	6415	0.26
西泠印社社务委员会	779	0.23	3210	0.13
淳安县图书馆	494	0.15	1125	0.04
萧山博物馆	58	0.02	623	0.02
合计	9595	2.84	70315	2.81

图 3—1—2 杭州地区古籍总数图

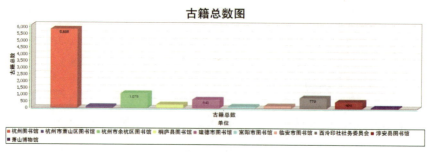

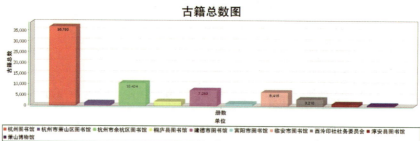

表 3—1—3 按宁波地区统计

单位	部数	藏量占比（%）	册数	藏量占比（%）
宁波市图书馆	7189	2.13	76440	3.05
宁波市天一阁博物馆	22365	6.63	158841	6.34
余姚市文物保护管理所	2496	0.74	34022	1.36
宁波市北仑区图书馆	8	0.00	52	0.002
宁波市鄞州区图书馆	90	0.03	1087	0.04
慈溪图书馆	160	0.05	6165	0.25
奉化市文物保护管理所	4430	1.31	31238	1.25
宁波市镇海区文物保护管理所	1385	0.41	8627	0.34
宁波市档案馆	42	0.01	230	0.009
合计	38165	11.31	316702	12.63

图 3—1—3 宁波地区古籍总数图

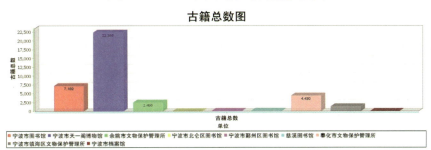

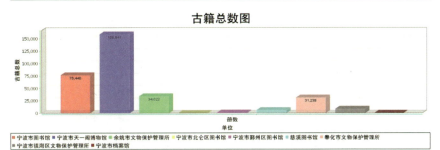

表 3—1—4 按温州地区统计

单位	部数	藏量占比（%）	册数	藏量占比（%）
温州市图书馆	23150	6.86	151353	6.04
温州大学图书馆	495	0.15	12306	0.49
瑞安中学	856	0.25	14578	0.58
瑞安市博物馆	4119	1.22	31801	1.27
温州博物馆	329	0.10	1434	0.06
平阳县图书馆	787	0.23	9630	0.38
苍南县图书馆	20	0.01	144	0.006
文成县图书馆	382	0.11	1263	0.05
泰顺县图书馆	386	0.11	4711	0.19
平阳县档案馆	3	0.0003	32	0.001
合计	30527	9.05	227252	9.07

图 3—1—4 温州地区古籍总数图

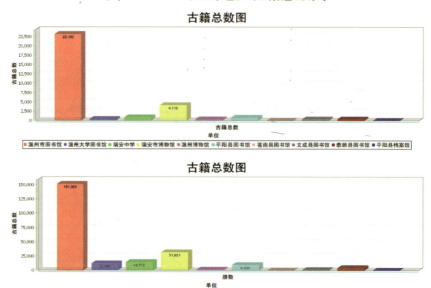

表 3—1—5 按嘉兴地区统计

单位	部数	藏量占比（%）	册数	藏量占比（%）
嘉兴市图书馆	12164	3.61	92400	3.69
海宁市图书馆	4045	1.20	26467	1.06
平湖市图书馆	6006	1.78	36363	1.45
海盐县博物馆	952	0.28	4400	0.18
嘉善县图书馆	5282	1.57	21011	0.84
张元济图书馆	48	0.01	417	0.02
桐乡市图书馆	474	0.14	4039	0.16
平湖市博物馆	399	0.12	1388	0.06
平湖市莫氏庄园陈列馆	164	0.05	995	0.04
合计	29534	8.75	187480	7.48

图 3—1—5　嘉兴地区古籍总数图

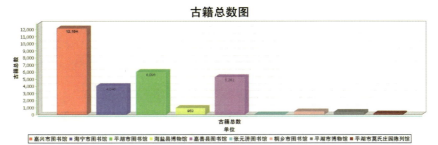

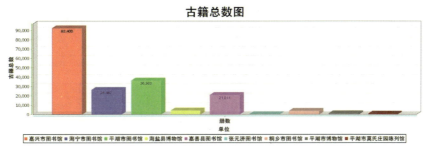

表 3—1—6　按湖州地区统计

单位	部数	藏量占比（%）	册数	藏量占比（%）
湖州师范学院图书馆	428	0.13	9729	0.39
德清县博物馆	356	0.11	3134	0.13
安吉县博物馆	1194	0.35	10335	0.41
湖州市博物馆	1139	0.34	8516	0.34
长兴县博物馆	373	0.11	1813	0.07
湖州市图书馆	248	0.07	3961	0.16
长兴县图书馆	141	0.04	893	0.04
合计	3879	1.15	38381	1.53

图3—1—6 湖州地区古籍总数图

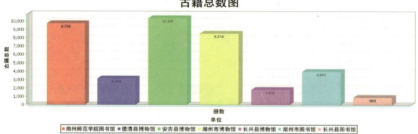

表3—1—7 按绍兴地区统计

单位	部数	藏量占比（%）	册数	藏量占比（%）
绍兴图书馆	30074	8.91	149612	5.97
上虞市图书馆	3937	1.17	33458	1.33
诸暨市图书馆	2072	0.61	15094	0.60
嵊州市图书馆	3990	1.18	27409	1.09
绍兴文理学院图书馆	325	0.10	3230	0.13
绍兴一中图书馆	371	0.11	6446	0.26
绍兴市文管会	88	0.03	626	0.03
新昌县图书馆	7	0.002	42	0.002
绍兴县图书馆	2	0.0006	8	0.0003
绍兴鲁迅纪念馆	784	0.23	5302	0.21
合计	41650	12.34	241227	9.62

图 3—1—7 绍兴地区古籍总数图

表 3—1—8 按金华地区统计

单位	部数	藏量占比（%）	册数	藏量占比（%）
义乌市图书馆	3384	1.00	44202	1.76
东阳博物馆	4117	1.22	18673	0.74
武义县图书馆	392	0.12	2294	0.09
浦江县图书馆	565	0.17	6310	0.25
磐安县图书馆	12	0.004	837	0.03
东阳市图书馆	6	0.002	75	0.003
永康市第一中学	21	0.006	166	0.007
兰溪市第一中学	74	0.02	1805	0.07
兰溪市博物馆	1264	0.37	18397	0.73
金华市博物馆	4084	1.21	30564	1.22
合计	13919	4.13	123323	4.92

图 3—1—8 金华地区古籍总数图

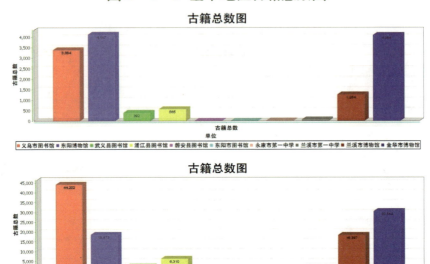

表 3—1—9 按衢州地区统计

单位	部数	藏量占比（%）	册数	藏量占比（%）
衢州市博物馆	4655	1.38	27523	1.10
常山县图书馆	430	0.13	3635	0.15
开化县图书馆	532	0.16	8609	0.34
江山市图书馆	1	0.0003	92	0.004
合计	5618	1.67	39859	1.59

图 3—1—9 衢州地区古籍总数图

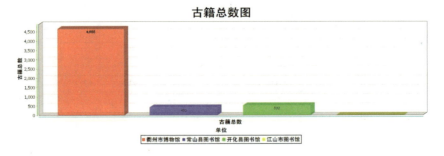

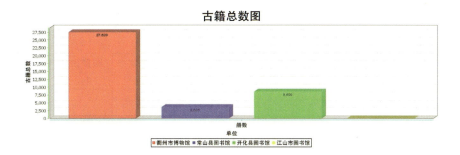

表 3—1—10 按舟山地区统计

单位	部数	藏量占比（%）	册数	藏量占比（%）
舟山市图书馆	46	0.01	388	0.02
舟山市博物馆	100	0.03	270	0.01
合计	146	0.04	658	0.03

图 3—1—10 舟山地区古籍总数图

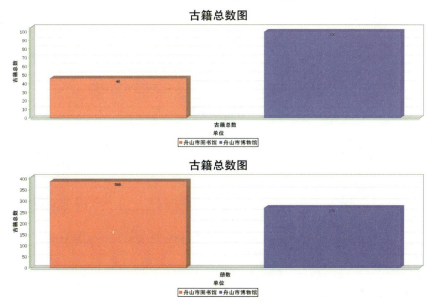

表 3—1—11　按台州地区统计

单位	部数	藏量占比（%）	册数	藏量占比（%）
台州市黄岩区图书馆	5454	1.62	44803	1.79
仙居县图书馆	257	0.08	1770	0.07
台州学院图书馆	271	0.08	2242	0.09
温岭中学图书馆	86	0.03	4178	0.17
临海市博物馆	3318	0.98	10213	0.41
天台图书馆	230	0.07	1435	0.06
温岭市图书馆	709	0.21	9452	0.38
临海市图书馆	9082	2.69	54093	2.16
合计	19407	5.75	128186	5.11

图 3—1—11　台州地区古籍总数图

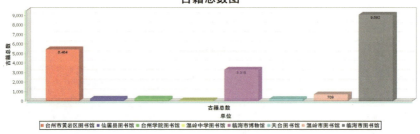

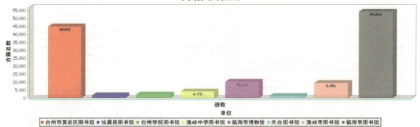

表 3—1—12 按丽水地区统计

单位	部数	藏量占比（%）	册数	藏量占比（%）
丽水市图书馆	650	0.19	2269	0.09
青田县图书馆	3	0.0009	32	0.001
缙云县图书馆	1965	0.58	10605	0.42
遂昌图书馆	863	0.26	3839	0.15
松阳县图书馆	4	0.001	14	0.0006
云和县图书馆	1796	0.53	3231	0.13
庆元县图书馆	356	0.11	5188	0.21
龙泉市图书馆	777	0.23	2550	0.10
合计	6414	1.90	27728	1.11

图 3—1—12 丽水地区古籍总数图

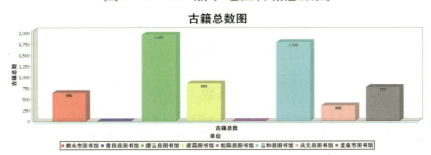

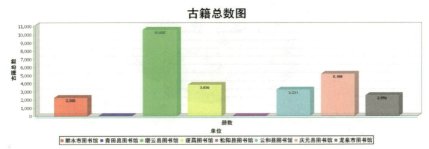

表 3—1—13 按十二行政区域统计

行政区域	部数	藏量占比（%）	册数	藏量占比（%）
省级	138551	41.06	1105522	44.10
杭州地区	9595	2.84	70315	2.81
宁波地区	38165	11.31	316702	12.63
温州地区	30527	9.05	227252	9.07
嘉兴地区	29534	8.75	187480	7.48
湖州地区	3879	1.15	38381	1.53
绍兴地区	41650	12.34	241227	9.62
金华地区	13919	4.13	123323	4.92
衢州地区	5618	1.67	39859	1.59
舟山地区	146	0.04	658	0.03
台州地区	19407	5.75	128186	5.11
丽水地区	6414	1.90	27728	1.11
合计	337405	100.00	2506633	100.00

图 3—1—13 十二行政区域古籍总数比例图

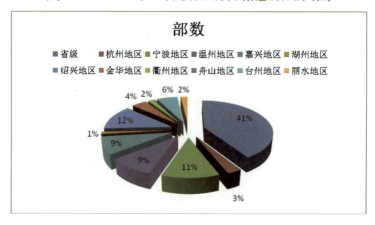

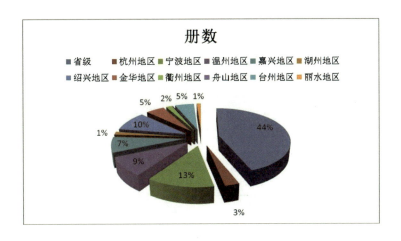

3.2 按藏书单位所属系统统计

在五大系统中，排在前三位的为公共图书馆、文物和教育，古籍部数占比分别为 72.94%、19.42%、7.01%，册数占比分别为 70.08%、17.87%、11.71%。档案系统最少，部数与册数占比均为 0.01%。

表 3—2—1　按公共图书馆系统统计

单位	总部数	藏量占比（%）	总册数	藏量占比（%）
浙江图书馆	109153	32.24	822372	32.80
杭州图书馆	5855	1.74	36793	1.47
杭州市萧山区图书馆	120	0.04	1366	0.05
杭州市余杭区图书馆	1078	0.32	10424	0.42
桐庐县图书馆	264	0.08	2019	0.08
建德市图书馆	640	0.19	7289	0.29
富阳市图书馆	126	0.04	1051	0.04
临安市图书馆	181	0.05	6415	0.26
淳安县图书馆	494	0.15	1125	0.04
宁波市图书馆	7189	2.13	76440	3.05
宁波市北仑区图书馆	8	0.002	52	0.002

单位	总部数	藏量占比（%）	总册数	藏量占比（%）
宁波市鄞州区图书馆	90	0.03	1087	0.04
慈溪图书馆	160	0.05	6165	0.25
温州市图书馆	23150	6.86	151353	6.04
平阳县图书馆	787	0.23	9630	0.38
苍南县图书馆	20	0.006	144	0.006
文成县图书馆	382	0.11	1263	0.05
泰顺县图书馆	386	0.11	4711	0.19
嘉兴市图书馆	12164	3.61	92400	3.69
海宁市图书馆	4045	1.20	26467	1.06
平湖市图书馆	6006	1.78	36363	1.45
嘉善县图书馆	5282	1.57	21011	0.84
张元济图书馆	48	0.01	417	0.02
桐乡市图书馆	474	0.14	4039	0.16
绍兴图书馆	30074	8.91	149612	5.97
上虞市图书馆	3937	1.17	33458	1.33
诸暨市图书馆	2072	0.61	15094	0.60
嵊州市图书馆	3990	1.18	27409	1.09
新昌县图书馆	7	0.002	42	0.002
绍兴县图书馆	2	0.0006	8	0.0003
湖州市图书馆	248	0.07	3961	0.16
长兴县图书馆	141	0.04	893	0.04
常山县图书馆	430	0.13	3635	0.15
开化县图书馆	532	0.16	8609	0.34
江山市图书馆	1	0.0003	92	0.004
舟山市图书馆	46	0.01	388	0.02
丽水市图书馆	650	0.19	2269	0.09
青田县图书馆	3	0.0009	32	0.001
缙云县图书馆	1965	0.58	10605	0.42
遂昌图书馆	863	0.26	3839	0.15
松阳县图书馆	4	0.001	14	0.0006
云和县图书馆	1796	0.53	3231	0.13
庆元县图书馆	356	0.11	5188	0.21
龙泉市图书馆	777	0.23	2550	0.10
台州市黄岩区图书馆	5454	1.62	44803	1.79
仙居县图书馆	257	0.08	1770	0.07
天台图书馆	230	0.07	1435	0.06
温岭市图书馆	709	0.21	9452	0.38
临海市图书馆	9082	2.69	54093	2.16

单位	总部数	藏量占比（%）	总册数	藏量占比（%）
义乌市图书馆	3384	1.00	44202	1.76
武义县图书馆	392	0.12	2294	0.09
浦江县图书馆	565	0.17	6310	0.25
磐安县图书馆	12	0.004	837	0.03
东阳市图书馆	6	0.002	75	0.003
合计	246087	72.94	1756596	70.08

表 3—2—2 按文物系统统计

单位	总部数	藏量占比（%）	总册数	藏量占比（%）
浙江省博物馆	6564	1.95	35994	1.43
西泠印社社务委员会	779	0.23	3210	0.13
萧山博物馆	58	0.02	623	0.02
宁波市天一阁博物馆	22365	6.63	158841	6.33
余姚市文物保护管理所	2496	0.74	34022	1.36
奉化市文物保护管理所	4430	1.31	31238	1.25
宁波市镇海区文物保护管理所	1385	0.41	8627	0.34
瑞安市博物馆	4119	1.22	31801	1.27
温州博物馆	329	0.10	1434	0.06
海盐县博物馆	952	0.28	4400	0.18
平湖市博物馆	399	0.12	1388	0.06
平湖市莫氏庄园陈列馆	164	0.05	995	0.04
绍兴市文管会	88	0.03	626	0.03
绍兴鲁迅纪念馆	784	0.23	5302	0.21
德清县博物馆	356	0.11	3134	0.13
安吉县博物馆	1194	0.35	10335	0.41
湖州市博物馆	1139	0.34	8516	0.34
长兴县博物馆	373	0.11	1813	0.07
衢州市博物馆	4655	1.38	27523	1.10
舟山市博物馆	100	0.03	270	0.01
临海市博物馆	3318	0.98	10213	0.41
东阳博物馆	4117	1.22	18673	0.74
兰溪博物馆	1264	0.37	18397	0.73
金华市博物馆	4084	1.21	30564	1.22
合计	65512	19.42	447939	17.87

表 3—2—3 按教育系统统计

单位	总部数	藏量占比（%）	总册数	藏量占比（%）
浙江大学图书馆	14647	4.33	174358	6.95
浙江中医药大学图书馆	1579	0.47	9138	0.36
中国美术学院图书馆	1327	0.39	10714	0.43
浙江师范大学图书馆	2110	0.62	28289	1.12
杭州师范大学图书馆	1067	0.32	16480	0.66
温州大学图书馆	495	0.15	12306	0.49
瑞安中学	856	0.25	14578	0.58
绍兴文理学院图书馆	325	0.10	3230	0.13
绍兴一中图书馆	371	0.11	6446	0.26
湖州师范学院图书馆	428	0.13	9729	0.39
台州学院图书馆	271	0.08	2242	0.09
温岭中学图书馆	86	0.03	4178	0.17
永康市第一中学	21	0.006	166	0.007
兰溪市第一中学	74	0.02	1805	0.07
合计	23657	7.01	293659	11.71

表 3—2—4 按档案系统统计

单位	总部数	藏量占比（%）	总册数	藏量占比（%）
宁波市档案馆	42	0.01	230	0.009
平阳县档案馆	3	0.0009	32	0.001
合计	45	0.01	262	0.01

表 3—2—5 按卫生系统统计

单位	总部数	藏量占比（%）	总册数	藏量占比（%）
浙江省中医药研究院	2104	0.62	8177	0.33
合计	2104	0.62	8177	0.33

表 3—2—6 按五大系统统计

五大系统	部数	藏量占比（%）	册数	藏量占比（%）
公共图书馆系统	246087	72.94	1756596	70.08
文物系统	65512	19.42	447939	17.87
教育系统	23657	7.01	293659	11.71
档案系统	45	0.01	262	0.01
卫生系统	2104	0.62	8177	0.33
合计	337405	100.00	2506633	100.00

图 3—2 五大系统古籍总数比例图

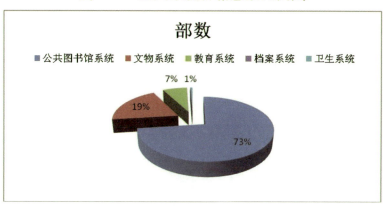

部数

■公共图书馆系统　■文物系统　■教育系统　■档案系统　■卫生系统

7%　1%

19%

73%

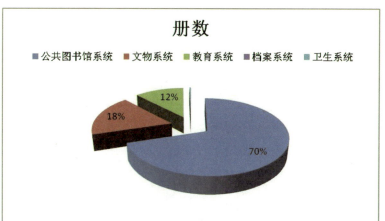

册数

■公共图书馆系统　■文物系统　■教育系统　■档案系统　■卫生系统

12%

18%

70%

3.3 按藏书单位行政级别统计

省级藏书单位数量最少，但古籍藏量却最多，部数占比 41.07%、册数占比 44.12%。县区级单位最多，但古籍藏量最少，部数占比 24.38%、册数占比 24.02%。

表 3—3—1 按省级统计

单位	总部数	藏量占比（%）	总册数	藏量占比（%）
浙江图书馆	109153	32.34	822372	32.80
浙江大学图书馆	14647	4.34	174358	6.95
浙江中医药大学图书馆	1579	0.47	9138	0.36
中国美术学院图书馆	1327	0.39	10714	0.43
浙江师范大学图书馆	2110	0.63	28289	1.13
杭州师范大学图书馆	1067	0.32	16480	0.66
浙江省中医药研究院	2104	0.62	8177	0.33
浙江省博物馆	6564	1.95	35994	1.44
合计	138551	41.06	1105522	44.10

表 3—3—2 按地市级统计

单位	总部数	藏量占比（%）	总册数	藏量占比（%）
杭州图书馆	5855	1.74	36793	1.47
建德市图书馆	640	0.19	7289	0.29
富阳市图书馆	126	0.04	1051	0.04
临安市图书馆	181	0.05	6415	0.26
西泠印社社务委员会	779	0.23	3210	0.13
萧山博物馆	58	0.02	623	0.02
宁波市图书馆	7189	2.13	76440	3.05
宁波市天一阁博物馆	22365	6.63	158841	6.33
宁波市档案馆	42	0.01	230	0.009
温州市图书馆	23150	6.86	151353	6.03
温州大学图书馆	495	0.15	12306	0.49
温州博物馆	329	0.10	1434	0.06
嘉兴市图书馆	12164	3.61	92400	3.69
绍兴图书馆	30074	8.90	149612	5.97
绍兴文理学院图书馆	325	0.10	3230	0.13
绍兴一中图书馆	371	0.11	6446	0.26
绍兴市文管会	88	0.03	626	0.03
绍兴鲁迅纪念馆	784	0.23	5302	0.21
湖州师范学院图书馆	428	0.13	9729	0.39
湖州市博物馆	1139	0.34	8516	0.34
湖州市图书馆	248	0.07	3961	0.16
衢州市博物馆	4655	1.38	27523	1.10
舟山市图书馆	46	0.01	388	0.02

单位	总部数	藏量占比（%）	总册数	藏量占比（%）
舟山市博物馆	100	0.03	270	0.01
丽水市图书馆	650	0.19	2269	0.09
台州学院图书馆	271	0.08	2242	0.09
金华市博物馆	4084	1.21	30564	1.22
合计	116636	34.57	799063	31.89

表 3—3—3 按县区级统计

单位	总部数	藏量占比（%）	总册数	藏量占比（%）
杭州市萧山区图书馆	120	0.04	1366	0.05
杭州市余杭区图书馆	1078	0.32	10424	0.42
桐庐县图书馆	264	0.08	2019	0.08
淳安县图书馆	494	0.15	1125	0.04
余姚市文物保护管理所	2496	0.74	34022	1.36
宁波市北仑区图书馆	8	0.002	52	0.002
宁波市鄞州区图书馆	90	0.03	1087	0.04
慈溪图书馆	160	0.05	6165	0.25
奉化市文物保护管理所	4430	1.31	31238	1.25
宁波市镇海区文物保护管理所	1385	0.41	8627	0.34
瑞安中学	856	0.25	14578	0.58
瑞安市博物馆	4119	1.22	31801	1.27
平阳县图书馆	787	0.23	9630	0.38
苍南县图书馆	20	0.006	144	0.006
文成县图书馆	382	0.11	1263	0.05
泰顺县图书馆	386	0.11	4711	0.19
平阳县档案馆	3	0.0009	32	0.001
海宁市图书馆	4045	1.20	26467	1.06
平湖市图书馆	6006	1.78	36363	1.45
海盐县博物馆	952	0.28	4400	0.18
嘉善县图书馆	5282	1.57	21011	0.84
张元济图书馆	48	0.01	417	0.02
桐乡市图书馆	474	0.14	4039	0.16
平湖市博物馆	399	0.12	1388	0.06
平湖市莫氏庄园陈列馆	164	0.05	995	0.04
上虞市图书馆	3937	1.17	33458	1.33
诸暨市图书馆	2072	0.61	15094	0.60

单位	总部数	藏量占比（%）	总册数	藏量占比（%）
嵊州市图书馆	3990	1.18	27409	1.09
新昌县图书馆	7	0.002	42	0.002
绍兴县图书馆	2	0.0006	8	0.0003
德清县博物馆	356	0.11	3134	0.13
安吉县博物馆	1194	0.35	10335	0.41
长兴县博物馆	373	0.11	1813	0.07
长兴县图书馆	141	0.04	893	0.04
常山县图书馆	430	0.13	3635	0.15
开化县图书馆	532	0.16	8609	0.34
江山市图书馆	1	0.0003	92	0.004
青田县图书馆	3	0.0009	32	0.001
缙云县图书馆	1965	0.58	10605	0.42
遂昌图书馆	863	0.26	3839	0.15
松阳县图书馆	4	0.001	14	0.0006
云和县图书馆	1796	0.53	3231	0.13
庆元县图书馆	356	0.11	5188	0.21
龙泉市图书馆	777	0.23	2550	0.10
台州市黄岩区图书馆	5454	1.62	44803	1.79
仙居县图书馆	257	0.08	1770	0.07
温岭中学图书馆	86	0.03	4178	0.17
临海市博物馆	3318	0.98	10213	0.41
天台图书馆	230	0.07	1435	0.06
温岭市图书馆	709	0.21	9452	0.38
临海市图书馆	9082	2.68	54093	2.15
义乌市图书馆	3384	1.00	44202	1.76
东阳博物馆	4117	1.22	18673	0.74
武义县图书馆	392	0.12	2294	0.09
浦江县图书馆	565	0.17	6310	0.25
磐安县图书馆	12	0.004	837	0.03
东阳市图书馆	6	0.002	75	0.003
永康市第一中学	21	0.006	166	0.007
兰溪市第一中学	74	0.02	1805	0.07
兰溪市博物馆	1264	0.37	18397	0.73
合计	82218	24.37	602048	24.01

表 3—3—4 按三大行政级别统计

三大行政级别	部数	数量占比（%）	册数	数量占比（%）
省级	138551	41.06	1105522	44.10
地市级	116636	34.57	799063	31.89
县区级	82218	24.37	602048	24.01
合计	337405	100.00	2506633	100.00

图 3—3 三大行政级别收藏单位古籍总数比例图

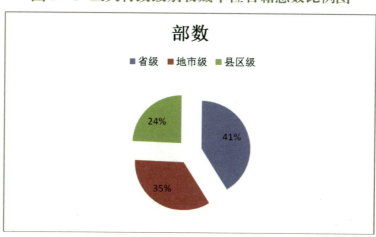

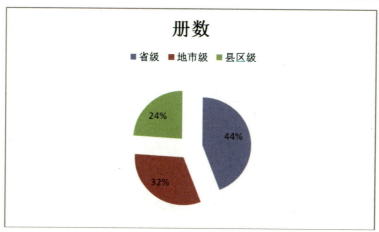

（三）推动全省编目，形成统一的古籍信息数据库

古籍普查开展之前，不少基层藏书单位古籍编目工作几乎为零，甚至几百上千册古籍及民国时期传统装帧书籍被打包置于库房的角落，得不到利用；即使如浙江图书馆等大型古籍藏书单位，也还有十多万册未编古籍尚待编目。

经过普查，各古籍藏书单位都开展了普查、编目工作，而且一步到位建立了详尽的古籍目录数据库，浙江图书馆等大藏书单位也彻底解决了未编书的问题。通过普查，全省建立了一个规范统一、信息齐备、功能强大的古籍信息数据库。

（四）建立一支遍及全省、业务精专的普查队伍

普查工作顺利开展的关键是人——普查员。十年来，在省文化厅的正确领导下，全省各古籍藏书单位积极配合、群策群力，先后有古籍库房管理人员、技术人员和普查登记及审核人员等各类业务人员400余名参与普查。

根据摸底调查，2007年"中华古籍保护计划"启动时全省古籍从业在编人员不足60人，普查任务重、时间紧，不少单位是抽调非专业人员或聘请劳务派遣人员进行普查工作，效率低下，数据质量也不高。针对存在的问题，省古籍保护中心组织举办普查培训班，通过课堂教学和实践操作相结合的方式，使学员能在短期内建立古籍普查工作规范，掌握古籍普查登记技能，培训结束后即能回本单位开展普查工作。2009年11月至2014年4月，省古籍保护中心先后举办了七期全省古籍普查培训班，培训人员共计238人次。

省文化厅、文物局、省古籍保护中心等相关领导出席第一期开班典礼

　　在举办培训班之外，应各县市古籍普查的需求，为了增强各县市一线普查员的实战能力，省古籍保护中心制定"浙江省古籍普查跟班培训计划"（见附件7），不定期接受各县市馆普查员参加跟班实习（其中相当一部分单位是连人带书一起来），前后培训跟班实习普查员50余人。

　　普查工作任务重、时间紧，为补在编人员不足的短板，各馆根据情况引进普查项目劳务派遣人员或吸引大学生参与普查，新鲜血液的加入也带动、提高了在编员工的积极性、主动性。全省95家公藏单位前后参与普查登记的人员共计444人（其中有11人分别参与过两个馆的普查）（见附件8）。从性别上分，男性130人，女性303

人。从职称上分,研究馆员15人,副研究馆员48人,馆员149人,助理馆员59人,其他(讲师、工程师等)4人,无职称者158人,这占比36.5%的无职称者大多是劳务派遣人员或参与普查的大学生。从学历上分,博士10人,硕士77人,本科285人,大专50人,中专3人,高中6人,初中2人。从年龄上分,20—30岁的170人,31—40岁的141人,41—50岁的75人,51—60岁的39人,61—72岁的8人。在参与过普查的人员中,有的已经退休,有的转到了其他工作岗位,有的选择继续求学深造。通过老带新、传帮带,通过参加国家培训、省培训、跟班实习、实践操作,古籍普查人才队伍迅速得到成长。

在普查工作中还有一批数据审校人员,他们对全省数据的质量把控做出了重大贡献,根据他们的审校意见进行修改也是普查著录人员很好的学习过程。一审由本单位富有经验的普查登记人员担任,二审由省古籍保护中心聘任的省外专家如湖北省图书馆研究馆员石洪运、辽宁省图书馆研究馆员王清原、山东省图书馆研究馆员贾秀丽、美国国会图书馆特邀研究员范邦瑾、国家图书馆研究馆员唱春莲五位先生,及浙江图书馆古籍部首席专家童正伦,和省内由普查登记、一审成长起来的业务骨干陈谊、童圣江、张群、曹海花、仇家京、沈秋燕、唐微、饶国庆等担任。

此外,省古籍保护中心还创建用于全省古籍保护工作交流的"浙江古籍保护群",并安排值班人员负责群中业务咨询,随时解决普查员在普查过程中产生的问题。

附件 1：浙江省古籍收藏单位调查表

收藏单位名称				邮政编码		
地址				联系人		
电话		传真			Email	
古籍藏量		册		善本		册
古籍库房条件	库房是否独立	是〇　否〇		专人管理		有〇　无〇
	自动消防报警系统	有〇　无〇		自动灭火系统		有〇　无〇
	空调	有中央空调〇　有空调〇　无〇				
	除湿	有中央除湿系统〇　有除湿机〇　无〇				
	安防系统	有〇　无〇				
	有防虫措施〇　防紫措施〇　其他防护措施〇					
古籍状况	排架	按号有序〇　无序堆放〇　其他〇				
	主要破损现象	酸化〇、老化〇、霉蚀〇、粘连〇、虫蛀〇、鼠啮〇、絮化〇、撕裂〇、缺损〇、烬毁〇、线断〇、其它〇				
管理	有无专人	有专人管理〇　有专兼职修复人员〇　无〇				
	有无目录	有财产目录〇　书名或其他目录有〇　目录网上发布〇　无〇				
	库房管理制度	有〇　无〇		有温湿度记录〇　无〇		
开发利用	公众能查阅〇　不能〇		有影印出版〇　无〇		有开展数字化工作〇　无〇	
备注						

调查单位或被调查单位盖章：

附件 2：浙江省古籍普查信息登记项目规定

浙江省古籍保护中心文件

浙古保〔2013〕2号　　　★　　　签发人：应长兴

浙江省古籍普查信息登记项目规定

　　根据《浙江省"中华古籍保护计划"实施方案》，结合浙江省近两年来的古籍普查实践，为切实提高古籍普查的进度，特对浙江省古籍普查的信息登记项目做出以下明确规定。完成下表中所列各项信息著录，即为完成一部古籍的普查信息登记：

　　一、浙江省古籍普查信息登记项目表

浙江省古籍普查信息登记项目表			
登记大项	序号	登记小项	备注
1.索书号	1	索书号	
2.分类	2	普查平台分类	
3.题名卷数	3	题名卷数	提供书影 丛书书中明确提到集（编）数、种数、卷数者，题名加集（编）数、种数、卷数
	4	题名依据	
	5	所属丛书题名	
	6	其他题名	提供书影
	7	题名拼音	
	8	题名卷数附注	
4.著者	9	（题）著者国别/朝代	
	10	著者	提供书影

1

	11	著作方式	
	12	著者依据	
	13	著者拼音	
5. 卷数统计	14	总卷数	
	15	实存卷数及实存卷次	
	16	缺卷数及缺卷次	
	17	原缺卷数及原缺卷次	
	18	总不分卷数	
	19	实存不分卷数	
	20	卷数统计附注	不分卷者如果不全，应附注实存内容
6. 版本	21	版本著录	提供书影
	22	版本补配	提供书影
	23	所属丛书版本	
	24	版本统计	
	25	版本依据	
7. 版式	26	版框测量	某些丛书各子目的版式不一，在版式中著录第一种子目的版式，其他不同版式的子目上传书影进行揭示
	27	分栏	
	28	行字数	
	29	书口	
	30	边栏	
	31	鱼尾	
	32	版心大小字数	
	33	书耳	
8. 装帧	34	装帧形式	
	35	开本	
	36	册数	
	37	函数	
	38	装帧附注	应附注金镶玉或加衬纸后的开本大小
9. 装具	39	装具数量	
	40	装具外形	
	41	装具材料	
	42	装具状况	
10. 序跋	43	序跋名称	旧序跋无需著录，只需著

2

123

	44	名称依据	录本次刻印时的序跋
	45	著者国别/朝代	丛书只需要著录丛书的
	46	著者	序跋，各子目的序跋无需
	47	著作方式	著录
	48	时间	
11. 刻工	49	刻工姓名	
	50	位置	
12. 批校题跋	51	题名	著录有姓名可考的批校
	52	题名依据	题跋或佚名过录名人的
	53	批校题跋者	批校题跋，佚名的批校题
	54	批校题跋时间	跋不著录 提供书影（批校者，选取 具有代表性的文字书叶； 题跋、题诗、题记、观款 等只需上传能体现款署 的那一张书影）
13. 钤印	55	印章位置	提供书影
14. 丛书子目	56	分区	
	57	题名卷数	提供书影（丛书子目版式 或字体不一致者，应一一 上传各子目卷端书影；版 式和字体一致者，只需上 传第一种子目卷端书影。 民国影印本丛书，不管各 子目版式、字体一致与 否，均只需上传第一种子 目卷端书影。丛书有复本 者，如果书叶品相差不 多，复本无需一一上传各 子目卷端书影）
	58	题名卷数依据	
	59	著者国别/朝代	子目的著者或版本如与
	60	著者	丛书一致，则子目项的著
	61	著作方式	者及版本栏应空缺
	62	著者依据	
	63	版本	

3

15.定级及书影	64	版本附注	
	65	定级	
	66	书影文件	
	67	书影所在部位	
16.定损及书影	68	定损册次	
	69	破损类型	
	70	破损级别	
	71	修复建议	
	72	书影文件	
	73	书影所在部位	
17.其他	74	综合附注	

二、著录要求

（一）索书号

客观照录。

（二）分类

填写普查平台分类，收藏单位分类无需填写。如无法分类，可不著录。

（三）题名卷数

1.正题名

正题名客观照录正文首卷卷端题名，丛书名据书前总目所题著录。如正文首卷卷端虽有题名但不足以完整体现全书内容、或无题名、或残缺等，则可酌情依次采纳其他卷卷端、卷末、版心、内封、目次、凡例、序跋、版权页、题签等处能完整体现全书内容的题名。

2.卷数

用汉文数字著录全书完整之卷数。全书卷数不详者，用"□□卷"表示。

丛书如果书中明确提到集（编）数、种数、卷数者，题名加集（编）数、种数与卷数。如未提到，则空缺不填。

4

3.题名依据（著者依据要求同此）

分以下几种情况：

（1）依据卷端、卷末、版心、内封、目次、凡例、序跋、版权页、题签等书中信息题名者，在"题名依据"中明确填写位置；

（2）依据权威工具书者，在"题名依据"中明确填写某工具书名（不用书名号）某页/某条，如"中国丛书综录总目第100页"/"中国古籍善本书目集部——一八二"；

（3）依据各自馆藏传统著录者，在"题名依据"中明确填写馆藏名，如"浙江图书馆传统著录"；

（4）编目员据书中内容自拟者，依据径选"拟题"。

4.所属丛书题名

有批校题跋的丛书零种以单种著录时，应著录其"所属丛书题名"。

5.其他题名

著录除正题名之外的能完整体现全书内容且与正题名有明显区别的题名做"其他题名"。包含在正题名内的简要题名、有不通检字者的题名不作"其他题名"。

6.题名拼音（著者拼音要求同此）

平台中不能显示的字，应手动著录其正确拼音。其余多音字者，暂不要求正确读音。

7.题名卷数附注

有正文卷数与目录等处所题卷数不一致等对题名卷数有所补充的信息，应在"题名卷数附注"中注明。其它情况，不附注。

卷首、卷末等包含的内容不著录。

5

（四）著者与著作方式

1.著者

客观著录正文卷端（通常是首卷卷端）的著者朝代及姓名。正文卷端未题著者者，可据序跋、书中行文或权威工具书等进行著录。

书中所题的"鉴定"、"参阅"、"参订"、"校刊"、"校"等无著作权者，不能著录到著者项。

特别指出："不著撰者"不著录。

2.著作方式

文中著者原题中有著作方式者，则据实照录。如无，则应根据书中内容进行拟题或参据权威工具书进行著录。

（五）卷数统计

客观著录总卷数、实存卷数、缺卷数、原缺卷数或总不分卷数、实存不分卷数。分卷者如不全，应择一简便者著录"实存卷次"或"缺卷次"。不分卷者如不全，应在"卷数统计附注"中附注实存内容。

（六）版本

1.版本著录

规范著录版本信息。版本鉴定宜粗不易细。没有明确依据，切忌修改传统著录。

2.版本补配

一书的主体版本已经确定，其中有一卷或几卷用不同版本的同一种书补配齐，应在"版本补配"中著录。

3.所属丛书版本

与题名项中的"所属丛书题名"配套著录。

4.版本统计

6

应与"版本著录"相一致。

5.版本依据

版本依据序跋、牌记或版权页等书中信息者，在版本依据中注明，上传相关书影并标明书影位置。版本依据为各权威工具书或馆藏传统著录者，要求同"题名依据"处。版本依据书中讳字或比对其他同题名书影考定者，在"版本依据"中题写"避讳字"（讳字无需一一拍书影上传，上传最晚的讳字、最早的不讳字即可）或"某馆某部书"。如以上依据均无者，版本依据径填"拟定"。

"牌记"内容不著录，如有多个牌记，只上传最能体现版本信息的牌记书影。

（七）版式

客观著录版式信息。"版式附注"不填写。"无格"者，应在"边栏"处手动填写，紧接边栏后写"无格"。

丛书无论各个子目版式是否相同，只著录第一种子目的版式，其他不同版式的子目上传书影进行揭示。

（八）装帧

客观著录装帧形式、开本、册数及函数。

无装具者，"函数"空缺不填。

部分书经金镶玉或加衬纸修复后开本发生了变化，应在"装帧附注"中附注金镶玉或加衬纸后的开本大小。

（九）装具

客观著录装具数量、外形、材料及其状况。

"无装具"者不著录。一部书部分有装具部分无装具者，装具状况选择"破损"。

（十）序跋

7

1.序跋题名

旧序跋不著录，只著录本次刻印时的序跋。序跋题名应尽可能照录。如文中找不到序跋之题名信息，则由著录员拟题，拟题的格式为"著者+序/跋"。合刻书中某一书的序跋，拟题格式为"书名+序/跋"。丛书只著录丛书的总序跋，各子目的序跋不著录。

2.序跋著作方式

应客观照录。如原题无著作方式，则统一拟题为"撰"。

3.序跋时间

应客观著录，录至年份（含干支和太岁等纪年）即可。如原序跋中未提及时间，则不填写。

（十一）刻工

依次不重复著录文中出现的刻工姓名及首次出现位置。

（十二）批校题跋

著录有姓名可考的批校题跋或佚名过录名人的批校题跋。据其内容拟题名称，拟题格式为"批校题跋者朝代+批校题跋者+批校题跋方式"/"佚名录批校题跋者朝代+批校题跋者+批校题跋方式"。

佚名之批校题跋，不著录。

（十三）钤印

著录不重复印章首次出现的位置，提供对应的书影。

（十四）丛书子目

客观著录子目的分区及题名卷数、著者、版本信息。子目的著者或版本如与丛书一致，子目项的著者及版本栏应空缺。

（十五）定级与定级书影

1.定级

8

一般情况下据版本年代进行定级。如文中有藏书家或学者的批校题跋，可酌情提级。如残缺过甚或几经递修，可酌情降级。

2.定级书影

上传反映题名、著者（职名表、修志姓氏等只上传体现主要责任者的书影）、版本、批校题跋（批校者，选取具有代表性的文字书叶；题跋、题诗、题记、观款等只上传能体现款署的书影）、钤印等信息的书叶。

丛书子目版式或字体如果不一致者，应一一上传各子目卷端书影；如果各子目版式和字体一致者，只上传第一种子目卷端书影。民国影印本丛书，不管各子目版式、字体一致与否，均只上传第一种子目卷端书影。丛书有复本者，如果书叶品相差不多，复本无需一一上传各子目卷端书影，需在第一张书影位置写明同某某普查编号丛书。

书影备注无需填写。书影信息不明确者，应在"书影所在部位"处标明，如避讳字书影，应在"书影所在部位"处填写"某卷某叶某字讳"或"某卷某叶某字不讳"。

（十六）定损与定损书影

1.定损

具有相同破损类型及等级的册应合并著录，未破损者亦应著录，要保证定损总件数与全书册数的一致。

2.定损书影

选择一张破损最严重的书影上传即可。

（十七）综合附注

书中有图、表、像等形式内容时，在题名、版本等其它信息没有反映，应在"综合附注"项注明"有图、表、像"。其

9

他情况不附注。

以上所有登记信息中只客观著录，不确定的不判断，只客观描述。每项信息著录规范，参照《古籍著录规则》（GB/T 3792.7-2008）、《全国古籍普查手册》和《浙江省古籍普查手册》，如与本规定有入出者，按本规定执行。

浙江省古籍保护中心
2013 年 9 月 6 日

附件3：关于开展浙江省古籍普查项目 申报工作的通知

浙江省文化厅文件

浙文社〔2011〕77号

浙江省文化厅关于开展全省古籍普查项目 申报工作的通知

各市、县（市、区）文化广电新闻出版局：

为贯彻落实《国务院办公厅关于进一步加强古籍保护工作的意见》（国办发〔2007〕6号）和《浙江省人民政府办公厅关于进一步加强古籍保护工作的意见》（浙政办发〔2009〕54号）文件精神，积极推动浙江省中华古籍保护计划顺利实施，有效推进全省古籍普查工作，经研究决定，在全省开展古籍普查项目申报工作，现将有关要求通知如下：

一、申报方式

根据古籍分布特点与工作需要，本次浙江省古籍普查以项目形式予以申报。

二、申报形式

1. 项目依据古籍藏量（含民国时期传统装帧形式的书籍）多少分为A、B、C三类。古籍藏量在3万册以下（不含3万册）的古籍藏书单位申报A类项目；3万册以上（含3万册）、10万册以下（不含10万册）的单位可申报B类项目，最多可设

立二个项目主持人；10 万册（含 10 万册）以上的单位可申报
C 类项目，最多可设立三个项目主持人。

2. 项目申报须填写《浙江省古籍普查项目申报书》（附件
1）。

三、项目管理

1. 浙江省古籍普查项目委托浙江省古籍保护中心发布和
管理。

2. 项目建设实行项目主持人负责制；

3. 项目主持人每年要向浙江省古籍保护中心递交当年《浙
江省古籍普查项目进展调查表》（附件 2）；

4. 项目主持人每年要向浙江省古籍保护中心递交当年经
费使用情况说明；

5. 项目完成后，须填写《浙江省古籍普查项目结题申请
表》（附件 3）。

四、基本要求

1. 项目主持人要求具有副高及以上职称，或连续从事古
籍业务工作三年以上。

2. 以《浙江省古籍普查手册》为普查规范。

3. 所有普查数据合格与否以通过省古籍保护中心二审为
标准。

4.《浙江省古籍普查项目结题申请表》须附本项目范围内
普查报告。

5. 项目主持人资质与古籍藏量由省古籍保护中心核定。

五、项目经费

根据浙江省文化厅和浙江省财政厅要求，项目经费预算以
每册古籍 2.70 元计算，经费的划拨以实际普查进度酌情拨付。

六、申报时间

项目申报每年集中受理两次，时间为每年 4 月和 10 月。项目申报材料递交给浙江省古籍保护中心办公室。

地址：杭州市曙光路 73 号；

邮编：310007；

联系人：童圣江；

电话：0571-87988528；传真：0571-87995860；

电子邮件：jasont@126.com。

七、完成时间

项目完成时间最晚不得超过 2015 年 12 月 31 日。

附件：1. 浙江省古籍普查项目申报书

2. 浙江省古籍普查项目进展调查表

3. 浙江省古籍普查项目结题申请表

二〇一二年十二月十三日

附件 4：浙江省古籍普查项目管理办法

浙江省古籍保护中心文件

浙古保[2012]1 号   签发人：应长兴

★

浙江省古籍普查项目管理办法

第一章 总 则

第一条 为深入贯彻实施我省"中华古籍保护计划"，切实推动全省古籍普查开展，有效提高古籍普查项目质量，依据《浙江省文化厅关于开展全省古籍普查项目申报工作的通知》（浙文社 [2011] 77 号），特制定本办法。

第二条 古籍普查项目面向全省古籍（含民国时期传统装帧形式的书籍）公藏单位。

第三条 浙江省古籍保护中心（以下简称"省中心"）负责全省古籍普查项目的审核、发布、鉴定及验收。

第二章 项目申报

第四条 凡有古籍的单位都可以进行申报，省中心在每年四月底和十月底分两次集中审核、发布。

第五条 项目申报书中"项目预计完成馆藏古籍普查数量"应为本单位全部馆藏古籍数量。

1

第六条　按照所申报馆藏古籍数量，普查项目分为 A、B、C 三类。古籍藏量在 3 万册以下（不含 3 万册）的单位申报 A 类项目；3 万册以上（含 3 万册）、10 万册以下（不含 10 万册）的单位申报 B 类项目，最多可设二名项目主持人；10 万册以上（含 10 万册）的单位申报 C 类项目，最多可设三名项目主持人。

第七条　项目申报资格和条件：

（一）项目第一主持人须具备副高及以上职称，或连续从事古籍业务工作三年以上；

（二）项目参加者要求具有较好的业务素质，业务岗位固定，能持续参与项目；

第八条　项目完成时间最晚不得超过 2015 年 12 月 31 日。

第九条　项目主持人所在单位应对项目申报书内容的真实性、可行性等进行严格审查，签署具体意见。项目主持人及其所在单位对申报书内容真实性负责。

第三章　项目审核

第十条　省中心组织相关人员根据本办法第五至第七条对申报内容进行审核。

第十一条　项目审核内容：

（一）审核项目申报单位申报所藏古籍数量及申请资助经费额；

（二）审核项目主持人资质；

（三）审核项目论证及实施方案。

第十二条 省中心形成审核意见后，报省文化厅备案，并公布批准立项的清单。

第四章 经费管理

第十三条 古籍普查项目资助经费由省中心下拨至项目申报单位，采取一次核定、按照项目进度分期拨付的方式。

第十四条 项目资助经费单独核算，只能用本项目开支，且用于古籍普查人员补助比例应不低于 50%。

第十五条 项目完成以后，各项目主持人应及时理清帐目，核实开支数额，编制相关经费使用说明，作为项目结题申请的附件。

第五章 项目管理

第十六条 古籍普查项目管理实行项目合同制和项目主持人负责制。项目一经批准立项，项目申报书即为双方的项目合同。项目合同是项目管理的依据，有关各方应严格履行相关规定。项目主持人即项目责任人，如有多个主持人，以第一主持人为项目责任人。

第十七条 省中心不定期组织项目中期审查。中期审查主要内容是：项目是否按计划开展；项目进度是否符合要求；经费使用是否有违规情况。

第十八条　批准立项后，项目主持人不得擅自变更项目合同内容。如下列项目内容需要进行调整，须向省中心提出书面申请（须有主持人所在单位意见并加盖公章），经省中心同意后方可调整：

（一）项目主持人调整；

（二）预计完成馆藏古籍普查数量及申请经费资助金额调整；

（三）项目完成时间调整（不违反本办法第八条规定）；

（四）项目资助经费帐户名称、帐号、开户行等信息调整。

第十九条　省中心可对下列情况作出撤销项目的决定：

（一）项目批准立项后，无论何种原因，半年内未开展普查；

（二）项目实施的情况表明，项目负责人不具备按原计划完成项目的条件和能力；

（三）因各种原因，项目负责人不能正常开展工作；

（四）严重违反资助经费管理规定；

（五）未经省中心同意批准，擅自变更项目内容。

出现上述情况之一，省中心即可作出撤销该项目的决定，凡被撤销的项目的主持人不得再次申报古籍普查项目。

第六章　项目验收与成果应用

第二十条　古籍普查项目验收的主要内容为古籍普查数据完成情况，并通过全国古籍普查平台进行。

第二十一条 古籍普查数据完成的标准以是否通过普查平台二审（省中心审核）为准。所有馆藏古籍都通过普查平台二审后，项目即已完成。

第二十二条 项目完成后，项目主持人应及时撰写本单位古籍普查报告，并根据普查平台数据编制本单位《古籍普查登记目录》（具体格式另行规定），连同《浙江省古籍普查项目结题申请表》一起上交省中心。

第二十三条 省中心主要依据古籍普查平台二审情况出具项目验收、鉴定意见。并对通过验收的项目进行评选和表彰，具体办法另行规定。

第二十四条 各单位编制完成的《古籍普查登记目录》由省古籍保护中心组织正式出版。

第七章 附 则

第二十五条 本办法自发布之日起实施，由省中心负责解释和修订。

二〇一二年三月十五日

主题词：文化 古籍 普查△ 办法

抄送：省文化厅、省古籍保护工作联席会议成员单位、
　　　国家古籍保护中心

浙江省古籍保护中心办公室 　　　2012年3月15日印发

附件5：浙江省入选《国家珍贵古籍名录》清单

第一批
（101部）

00304 **春秋本义三十卷** （元）程端学撰 元刻本 浙江图书馆
存七卷（十六至十八、二十七至三十）

00507 **新刊名臣碑传琬琰之集上集二十七卷中集五十五卷下集二十五卷**
（宋）杜大珪辑 宋刻元明递修本（上集十一、中集六至十二、二十九至三十六、下集一至六、二十至二十五配明抄本） （四库底本） 俞樾题款 浙江图书馆

00510 **新刊名臣碑传琬琰之集上集二十七卷中集五十五卷下集二十五卷**
（宋）杜大珪辑 宋刻元明递修本 宁波市天一阁博物馆

00639 **经史证类大观本草三十一卷** （宋）唐慎微撰 元大德六年（1302）宗文书院刻本（序、牌记补配） 佚名批校 温州市图书馆

00680 **针灸四书九卷** （元）窦桂芳编 元至大四年（1311）燕山窦氏活济堂刻本 宁波市天一阁博物馆
存八卷（新刊黄帝明堂灸经三卷、新刊窦汉卿编集针经指南一卷、新刊子午流注针经三卷、附针灸杂说一卷）

00721 **忠义堂帖** （唐）颜真卿撰文并书 宋嘉定八年（1215）刻石 宋拓本 浙江省博物馆
存卷不详

00802 **新编古今事文类聚前集六十卷后集五十卷续集二十八卷别集三十二卷** （宋）祝穆辑 **新集三十六卷外集十五卷** （元）富大用辑 元泰定三年（1326）庐陵武溪书院刻本（前集卷十四第十二叶、卷二十七第二十叶、卷三十三第十二叶、卷四十四第十二叶、卷六十第五至十叶配抄本，后集配元建安云庄书院刘氏刻本） 浙江图书馆
存二百五卷（前集全，后集全，续集全，别集一至十二、十四

至三十二，新集全）

00813 **古今合璧事类备要前集六十九卷后集八十一卷续集五十六卷**

（宋）谢维新辑 **别集九十四卷外集六十六卷** 虞载辑 宋刻本
佚名题识 浙江图书馆

存七十六卷（前集一、四至十二、二十一至二十四、三十五至
五十二、五十六至六十二、六十六至六十九，后集一至十二、
四十三至四十七、六十二、六十三、六十五至七十四、七十七、
七十八、八十、八十一）

01017 **笺注陶渊明集十卷总论一卷** （晋）陶潜撰 （宋）汤汉等笺注
（宋）李公焕辑 元刻本 浙江图书馆

01027 **分类补注李太白诗二十五卷** （唐）李白撰 （宋）杨齐贤集注
（元）萧士赟补注 **唐翰林李太白年谱一卷** （宋）薛仲邕撰
元建安余氏勤有堂刻本 浙江图书馆

存二十五卷（一至五、七至二十五，年谱）

01052 **增广注释音辩唐柳先生集四十三卷别集二卷外集二卷** （唐）
柳宗元撰 （宋）童宗说注释 （宋）张敦颐音辩 （宋）潘
纬音义 **附录一卷** 元刻本 绍兴图书馆

存四十四卷（一至二十二、二十七至四十三，外集全，别集全，
附录）

01201 **乐府诗集一百卷目录二卷** （宋）郭茂倩辑 元至正元年（1341）
集庆路儒学刻本 绍兴图书馆

存三卷（三十二至三十四）

01215 **魁本大字诸儒笺解古文真宝前集十卷后集十卷** （元）黄坚辑
元刻本 绍兴图书馆

存十卷（前集六至十、后集一至五）

01223 **唐诗鼓吹十卷** （金）元好问辑 （元）郝天挺注 元冲和书堂
刻本 浙江图书馆

01235 **国朝文类七十卷** （元）苏天爵编 元刻本 绍兴图书馆

存三卷（五十七至五十九）

01269 **易传八卷** （宋）苏轼传 **王辅嗣论易一卷** （三国魏）王弼撰
明吴兴闵齐伋刻朱墨套印本 温州市图书馆

01291 筮仪象解不分卷 　（清）陈洪绶撰　稿本　浙江图书馆

01300 六十四卦经解八卷 　（清）朱骏声撰　稿本　浙江图书馆

01303 虞氏易变表二卷 　（清）江承之撰　（清）张惠言校补　稿本
杭州图书馆

01311 书经集传六卷 　（宋）蔡沈撰　清金阊步月楼刻本　丁晏批校并跋
杭州图书馆

01347 礼记集说十六卷 　（元）陈澔撰　明正统十二年（1447）司礼监
刻本　浙江图书馆

01362 东莱吕先生左氏博议句解六卷 　（宋）吕祖谦撰　（明）瞿景淳选
明嘉靖刻本　浙江省平湖市图书馆

01376 钦定春秋传说汇纂三十八卷首二卷 　（清）王掞、张廷玉等撰
清康熙六十年（1721）内府刻本　嘉兴市图书馆

01388 天盖楼四书语录四十六卷 　（清）周在延编　（清）吕留良评选
清康熙二十三年（1684）天盖楼刻本　嘉兴市图书馆
存二十五卷（五至八、二十一至四十一）

01390 晚村天盖楼偶评六卷 　（清）吕留良撰　清康熙十二年（1673）
刻本　嘉兴市图书馆

01391 晚村天盖楼偶评六卷 　（清）吕留良撰　清康熙十七年（1678）
刻本　嘉兴市图书馆

01392 四书遇不分卷 　（清）张岱撰　稿本　浙江图书馆

01422 六书古训二十四卷 　（清）王棻撰　稿本　台州市黄岩区图书馆

01428 集韵十卷 　（宋）丁度等撰　明末毛氏汲古阁影宋抄本　宁波
市天一阁博物馆

01442 古今韵会举要三十卷礼部韵略七音三十六母通考一卷 　（元）
熊忠撰　明嘉靖十五年（1536）秦钺、李舜臣刻十七年（1538）
刘储秀重修本　杭州图书馆

01450 洪武正韵十六卷 　（明）乐韶凤、宋濂等撰　明嘉靖二十七年
（1548）衡藩刻蓝印本　温州市图书馆

01474 唐书二百卷 　（五代·后晋）刘昫等撰　明嘉靖十八年（1539）
闻人铨刻本　杭州图书馆

01491 明史稿不分卷 　（清）万斯同等撰　稿本　宁波市天一阁博物馆

存人物卷

01506 **历代通鉴纂要九十二卷** （明）李东阳等撰 明正德十四年（1519）
慎独斋刻本 杭州图书馆

01507 **新刻校正古本历史大方通鉴四十一卷首一卷** （明）李廷机、叶
向高辑 明嘉靖周时泰刻本 绍兴图书馆
存三十六卷（一至八、十一至二十，宋元卷一至二、七至
二十一，首一卷）

01512 **大明宪宗纯皇帝实录二百九十三卷** （明）刘吉等纂修 明抄本
浙江图书馆
存二百六十六卷（一至八、十三至十七、四十一至二百九十三）

01513 **大明神宗显皇帝实录不分卷** （明）顾秉谦等纂修 明抄本 浙
江图书馆

01527 **汉唐秘史二卷** （明）朱权撰 明建文四年（1402）宁藩刻本
杭州图书馆

01536 **辽纪一卷** （明）田汝成撰 清初抄本 杭州图书馆

01566 **新安左田黄氏正宗谱派系二十卷文献十九卷** （明）黄积瑜纂修
明嘉靖三十七年（1558）自刻本 温州市图书馆

01576 **历代臣鉴三十七卷** （明）宣宗朱瞻基撰 明宣德元年（1426）
内府刻本 浙江图书馆

01581 **皇明名臣琬琰录三十二卷** （明）王世贞辑 明抄本 浙江图
书馆

01584 **台学统一百卷** （清）王棻编 稿本 台州市黄岩区图书馆

01585 **宋元学案补遗一百卷** （清）冯云濠、王梓材辑 稿本 浙江
图书馆

01586 **孝顺事实十卷** （明）成祖朱棣撰 明永乐十八年（1420）内府
刻本 浙江图书馆

01594 **枫山章文懿公年谱二卷** （明）阮鹗撰 明嘉靖三十三年（1554）
唐钺刻本 嘉兴市图书馆

01599 **王文韶日记不分卷** （清）王文韶撰 稿本 杭州图书馆
存清同治六年至十一年（1868—1872）、光绪元年至二十八年
（1875—1902）

01603 **洪武四年进士登科录一卷** 明洪武刻本 宁波市天一阁博物馆

01617 **历代兵制八卷** （宋）陈溥良撰 明张应文怡颜堂抄本 浙江图书馆

01622 **天圣令三十卷** （宋）吕夷简、庞籍等修 明抄本 宁波市天一阁博物馆

存十卷（田令、赋令、仓库令、厩牧令、关市令、医疾令、狱官令、营缮令、丧葬令、杂令）

01630 **历代名臣奏议三百五十卷** （明）黄淮、杨士奇等辑 明永乐内府刻本 杭州图书馆

存五十八卷（五十二至五十八、六十一至七十、一百二十六至一百二十八、一百六十七至一百六十八、一百七十一至一百七十五、一百八十至一百八十三、二百一至二百五、三百十九至三百三十四、三百三十七至三百三十八、三百四十一至三百四十四）

01651 **大明一统志九十卷** （明）李贤 万安等纂修 明弘治十八年（1505）慎独斋刻本 杭州图书馆

01670 **［正德］武功县志三卷** （明）康海纂修 明正德十四年（1519）刻本 湖州市图书馆

01674 **［正德］兴宁志四卷** （明）祝允明纂修 明正德刻本 温州市图书馆

存一卷（一）

01680 **会稽三赋四卷** （宋）王十朋撰 （明）南逢吉、尹坛补注 （明）陶望龄评 明天启元年（1621）凌氏刻朱墨套印本 温州市图书馆

01681 **武林风俗记一卷** （清）王同撰 稿本 杭州图书馆

01712 **杨氏集古印章四卷** （明）杨元祥辑 明万历十五年（1587）钤印本 西泠印社社务委员会

01729 **温州经籍志二十五卷外编一卷辨误不分卷** （清）孙诒让撰 初稿本 孙衣言批校 温州市图书馆

存十八卷（一至七、九至十二、十五至十七、二十二至二十五）

01730 **温州经籍志三十三卷外编二卷辨误一卷** （清）孙诒让撰

定稿本　杨绍廉、孙延钊校　温州市图书馆

存十二卷（二、五至六、十七至十八、二十三至二十五、三十、三十三，外编全）

01731 温州经籍志三十三卷附外编二卷辨误一卷　（清）孙诒让撰

誊清稿本（卷八杨绍廉抄配）　孙衣言批校　温州市图书馆

存三十二卷（叙例、一、三至二十、二十三至三十、三十二至三十三，外编全，辨误）

01739 朱子语略二十卷　（宋）杨与立辑　明弘治四年（1491）南京国子监刻本　温州市图书馆

01741 朱子大全私抄十二卷　（明）王宗沐辑　明嘉靖三十二年（1553）自刻本　台州市黄岩区图书馆

01745 大学衍义补纂要六卷　（明）徐栻辑　明嘉靖三十七年（1558）刻本　浙江省平湖市图书馆

01769 孙子参同五卷　（明）闵于忱辑　明万历四十八年（1620）闵氏松筠馆刻朱墨套印本　嘉兴市图书馆

01774 管子二十四卷　（明）赵用贤、朱长春等评　明万历四十八年（1620）凌汝亨刻套印本　浙江省嵊州市图书馆

存十八卷（一至十二、十九至二十四）

01792 重广补注黄帝内经素问二十四卷　（唐）王冰注　（宋）林亿等校正　（宋）孙兆改误　明嘉靖二十九年（1550）顾从德影宋刻本　绍兴图书馆

01825 测圆海镜分类释术十卷测圆算术四卷勾股算术二卷弧矢算术一卷方圆术一卷　（明）顾应祥撰　明嘉靖刻本　浙江图书馆

01829 天原发微五卷图一卷篇目名义一卷　（宋）鲍云龙撰　（明）鲍宁辨正　问答节要一卷　（明）鲍宁辑　明天顺五年（1461）鲍氏耕读书堂刻本　浙江图书馆

01833 新刊地理紫囊书八卷　（明）赵祐撰　（明）郑复初评　（明）戴圣胤圈点　明万历四十三年（1615）舒一泉刻本　祁承爜校　绍兴图书馆

存四卷（一至三、五）

01835 大定新编四卷　（明）杨向春撰　明嘉靖二十五年（1546）刻本

杭州图书馆

01879 日知录三十二卷 （清）顾炎武撰 清康熙三十四年（1695）潘
耒遂初堂刻本 李慈铭批校并跋 上虞市图书馆

01886 世说新语八卷 （南朝宋）刘义庆撰 （南朝梁）刘孝标注
（宋）刘辰翁、刘应登、（明）王世懋评 明凌瀛初刻四色套
印本 绍兴图书馆

01927 联新事备诗学大成三十 （元）林桢辑 明正统九年（1444）刘
氏翠岩精舍刻景泰三年（1452）重修本 浙江图书馆

01930 三才广志一千一百八十四卷 （明）吴琯辑 明蓝丝栏白棉纸
抄本 宁波市天一阁博物馆
存二百九十四卷

01938 渊鉴类函四百五十卷目录四卷 （清）张英等辑 清康熙四十九
年（1710）内府刻本 杭州市余杭区图书馆
存四百四十六卷（一至六、八至十九、二十三至一百四十一、
一百四十六至四百五十、目录全）

01947 钦定古今图书集成一万卷目录四十卷 （清）蒋廷锡、陈梦雷等辑
清雍正四年（1726）内府铜活字印本 宁波市天一阁博物馆
存八千二百四十三卷目录二十二卷

01949 钦定古今图书集成一万卷目录四十卷 （清）蒋廷锡、陈梦雷等辑
清雍正四年（1726）内府铜活字印本（配光绪七年抄本） 浙江
图书馆

01960 永乐北藏六千三百六十一卷续藏四百十卷 明永乐十九年至正统
五年（1421—1440）刻万历十二年（1584）续刻本 浙江图书馆
存六千三百三十四册

01966 乾隆大藏经七千一百六十七卷 清雍正十一年至乾隆三年
（1733—1738）刻本 嘉兴市图书馆
存五千三百七十三册

01972 五灯会元二十卷 （宋）释普济撰 明嘉靖四十年（1561）嘉兴
径山寺募刻本 绍兴图书馆
存二十册

01980 庄子南华真经四卷 （唐）陆德明音义 明末刻朱墨套印本

绍兴图书馆

存二卷（二、三）

01994 **范氏奇书□□种□□卷** （明）范钦编 明嘉靖范氏天一阁刻本
温州市图书馆

01999 **文澜阁四库全书** （清）永瑢、纪昀等纂修 清乾隆内府写本（清
光绪、民国补抄二万七千九十册） 浙江图书馆
存七万二千七百八十卷

02002 **楚辞十七卷** （汉）王逸叙次 （明）陈深批点 **附录一卷** 明
万历二十八年（1600）吴兴凌毓枏刻套印本 嘉兴市图书馆

02018 **李诗选五卷** （明）张含辑 （明）杨慎评点 明刻朱墨套印本
嘉兴市图书馆

02024 **集千家注杜工部诗集二十卷文集二卷** （唐）杜甫撰 （宋）
黄鹤补注 **附录一卷** 明嘉靖十五年（1536）玉几山人刻本
嘉兴市图书馆

02043 **增广注释音辩唐柳先生集四十三卷别集二卷外集二卷** （唐）柳
宗元撰 （宋）童宗说注释 （宋）张敦颐音辩 （明）潘纬音
义 **附录一卷** 明正统十三年（1448）善敬堂刻本 浙江图书馆

02056 **伊川击壤集二十卷集外诗一卷** （宋）邵雍撰 明成化毕亨刻
十六年（1480）刘尚文重修本 浙江图书馆

02076 **栾城集五十卷后集二十四卷三集十卷** （宋）苏辙撰 明活字
印本 浙江图书馆

02079 **豫章黄先生文集三十卷外集十四卷别集二十卷简尺二卷词一卷**
（宋）黄庭坚撰 明弘治叶天爵刻嘉靖六年（1527）乔迁、余载
仕重修本 杭州图书馆

02101 **畏庵集十卷** （明）周旋撰 明成化十九年（1483）刻本 浙江
大学图书馆

02131 **瓯东私录十卷** （明）项乔撰 明嘉靖三十年（1551）刻本 温
州市图书馆
存五卷（三至四、八至十）

02141 **随园诗稿不分卷** （清）袁枚撰 稿本 浙江图书馆

02148 **仙屏书屋初集诗录十六卷后录二卷** （清）黄爵滋撰 清道光

二十七年（1847）泾县翟金生泥活字印本　嘉兴市图书馆

02152　仙屏书屋初集诗录十六卷后录二卷　　（清）黄爵滋撰　清道光
二十七年（1847）泾县翟金生泥活字印本　浙江图书馆

02169　韩柳文一百卷　（唐）韩愈、柳宗元撰　（明）游居敬编　明嘉靖
十六年（1537）游居敬刻本　台州市黄岩区图书馆

02226　御选唐宋文醇五十八卷　（清）高宗弘历辑　清乾隆六年（1741）
内府刻本　嘉兴市图书馆

02229　唐文粹一百卷　（宋）姚铉辑　明嘉靖八年（1529）晋府养德书
院刻本　台州市黄岩区图书馆

02236　唐雅二十六卷　（明）张之象辑　明嘉靖三十一年（1552）无锡
县刻本　绍兴图书馆

02249　明文案二百十七卷　（清）黄宗羲辑　清蓝丝栏抄本　宁波市
天一阁博物馆
存一百八十八卷（一至三十七、四十二至一百十四、一百十九至
一百三十一、一百三十六至一百四十七、一百五十一至二百三）

02250　明文海四百八十二卷　（清）黄宗羲辑　清初抄本　浙江图书馆
存四百七十三卷（一至一百八十三、一百八十八至四百六十、
四百六十五至四百八十一）

第二批
（297 部）

02447　金光明经四卷　（北凉）释昙无谶译　五代吴越国杭州刻本
浙江省博物馆

02449　金光明经卷第二　（北凉）释昙无谶译　唐写本　温州博物馆

02461　大方便佛报恩经七卷　五代写本　夏承焘、谢稚柳题记　温州
博物馆

02480　菩萨戒一卷　唐写本　温州博物馆

02536　太上洞玄灵宝无量度人上品妙经一卷　唐乾宁四年（897）写本
温州博物馆

02569 鬳斋考工记解二卷释音二卷 （宋）林希逸撰　宋刻元延祐四年（1317）重修本　何炜批注并跋　浙江图书馆
存一卷（上）

02582 乐书二百卷目录二十卷 （宋）陈旸撰　元至正七年（1347）福州路儒学刻明修本（目录、卷一配清抄本）　浙江图书馆
存一百九十九卷（二至二百）

02641 通志二百卷 （宋）郑樵撰　元大德三山郡庠刻元明递修本
浙江图书馆

02673 五代史记七十四卷 （宋）欧阳修撰　（宋）徐无党注　元刻明嘉靖修本　浙江图书馆

02717 宋书一百卷 （南朝梁）沈约撰　宋刻宋元明递修本　浙江图书馆
存十三卷（三十一至三十三、四十五至四十九、五十四至五十八）

02725 南齐书五十九卷 （南朝梁）萧子显撰　宋刻元明递修本
浙江图书馆

02749 北齐书五十卷 （唐）李百药撰　宋刻宋元明递修本　浙江图书馆

02767 唐书二百二十五卷 （宋）欧阳修、宋祁等撰　**释音二十五卷**
（宋）董冲撰　元大德九年（1305）建康路儒学刻明成化弘治嘉靖南京国子监递修本　浙江大学图书馆

02836 两汉诏令二十三卷 （宋）林虑、楼昉辑　元至正九年（1349）
苏天爵刻明修本　浙江图书馆

02872 新编方舆胜览七十卷 （宋）祝穆辑　元刻本　浙江大学图书馆

02901 慈溪黄氏日抄分类九十七卷 （宋）黄震撰　元刻本　浙江图书馆
存三十一卷（二十四至五十四）

02921 玉海二百卷辞学指南四卷诗考一卷诗地理考六卷汉艺文志考证十卷通鉴地理通释十四卷汉制考四卷践阼篇集解一卷周易郑康成注一卷姓氏急就篇二卷急就篇补注四卷周书王会补注一卷小学绀珠十卷六经天文篇二卷通鉴答问五卷 （宋）王应麟撰

元后至元六年（1340）庆元路儒学刻本　浙江图书馆

存二百四卷（玉海全、辞学指南全）

02922 **玉海二百卷辞学指南四卷诗考一卷诗地理考六卷汉艺文志考证十卷通鉴地理通释十四卷汉制考四卷践阼篇集解一卷周易郑康成注一卷姓氏急就篇二卷急就篇补注四卷周书王会补注一卷小学绀珠十卷六经天文篇二卷通鉴答问五卷**　（宋）王应麟撰　元后至元六年（1340）庆元路儒学刻本（有抄配）　浙江大学图书馆

存六十一卷（诗考一卷、诗地理考六卷、汉艺文志考证十卷、通鉴地理通释十四卷、汉制考四卷践阼篇集解一卷、周易郑康成注一卷、姓氏急就篇二卷、急就篇补注四卷、周书王会补注一卷、小学绀珠十卷、六经天文篇二卷、通鉴答问五卷）

02974 **金刚般若波罗蜜经**　（后秦）释鸠摩罗什译　宋绍熙四年（1193）刻本　浙江省博物馆

02979 **大方广佛华严经入不思议解脱境界普贤行愿品一卷**　（唐）释般若译　宋景祐三年（1036）写本　浙江省博物馆

02980 **大方广佛华严经净行品一卷**　（唐）释实叉难陀译　宋写本　浙江省博物馆

02983 **妙法莲华经七卷**　（后秦）释鸠摩罗什译　宋大中祥符八年（1015）释灵素写本　浙江省博物馆

02992 **妙法莲华经七卷**　（后秦）释鸠摩罗什译　宋泥金写本　温州博物馆

存一卷（二）

02994 **妙法莲华经七卷**　（后秦）释鸠摩罗什译　北宋写本　温州博物馆

存一卷（三）

02995 **妙法莲华经七卷**　（后秦）释鸠摩罗什译　宋写本　温州博物馆

存一卷（四）

03000 **妙法莲华经七卷**　（后秦）释鸠摩罗什译　北宋写本　温州博物馆

存一卷（七）

03008 **金光明经四卷**　（北凉）释昙无谶译　宋写本　温州博物馆

存一卷（三）

03009 金光明经四卷　（北凉）释昙无谶译　宋写本　温州博物馆
存一卷（三）

03010 佛说观无量寿佛经一卷　（宋）释畺良耶舍译　宋绍兴二十二年
（1152）刻本　浙江省博物馆

03011 无垢净光大陀罗尼一卷　（唐）释弥陀山译　宋写本　浙江省
博物馆

03012 大方广圆觉修多罗了义经　（唐）释佛陀多罗译　北宋写本
温州博物馆
存一卷

03014 大悲心陀罗尼经一卷　（唐）释不空译　宋明道二年（1033）
胡则刻本　浙江省博物馆

03015 大悲心陀罗尼经一卷　（唐）释不空译　宋庆历三年（1043）
写本　浙江省博物馆

03016 慈悲道场忏法十卷　（南朝梁）释诸大法师集撰　宋写本　温州
博物馆
存一卷（九）

03018 佛名经三十卷　宋写本　温州博物馆
存一卷（二十）

03019 佛名经十二卷　（北魏）释菩提流支译　宋写本　温州博物馆
存一卷（四）

03020 佛说佛名经　宋写本　温州博物馆
存一卷（九）

03028 一切如来心秘密全身舍利宝箧印陀罗尼经一卷　（唐）释不空译
宋写本　浙江省博物馆

03031 佛说观世音经一卷　（后秦）释鸠摩罗什译　宋政和六年（1116）
张衍刻本　浙江省博物馆

03038 佛顶心观世音菩萨大陀罗尼经三卷　宋乾道八年（1172）刻本
浙江省博物馆

03058 ［佛说观无量寿佛经科文］　宋大观三年（1109）释子坚刻本
温州博物馆

03125 范忠宣公文集二十卷　（宋）范纯仁撰　元刻本（卷六至七、

十八至二十抄配） 浙江省博物馆

03168 **乐府诗集一百卷目录二卷** （宋）郭茂倩辑 元至正元年（1341）
集庆路儒学刻明修本 杭州历史博物馆

03174 **乐府诗集一百卷** （宋）郭茂倩辑 元至正元年（1341）集庆路
儒学刻明修本 浙江大学图书馆
存九十卷（十一至一百）

03185 **国朝文类七十卷目录三卷** （元）苏天爵辑 元至元至正间西湖
书院刻明修本 浙江大学图书馆

03205 **干常侍易注疏证二卷** （清）方成珪撰 稿本 孙诒让校并
跋 温州市图书馆

03243 **东坡书传二十卷** （宋）苏轼撰 明凌濛初刻朱墨套印本 浙江
图书馆

03259 **吕氏家塾读诗记三十二卷** （宋）吕祖谦撰 明嘉靖十年（1531）
傅凤翱刻本 浙江图书馆

03271 **读风臆评一卷** （明）戴君恩撰 明万历四十八年（1620）闵齐
伋刻朱墨套印本 浙江图书馆

03287 **周礼补亡六卷** （元）丘葵撰 明李缉刻本 浙江大学图书馆

03293 **周礼学不分卷** （清）沈梦兰撰 清沈氏所愿学斋刻本 孙诒让
批校 温州市图书馆

03294 **周礼正义八十六卷** （清）孙诒让撰 稿本 温州博物馆
存七十九卷（一至三十九、四十一至四十七、四十九、五十一
至六十二、六十四至七十四、七十八至八十六）

03295 **周礼正义八十六卷** （清）孙诒让撰 稿本 费念慈跋 温州
市图书馆
存四十卷（一至十、二十六至三十九、四十四、五十至五十二、
五十九、六十四至六十六、六十八至六十九、七十三、七十六
至七十七、八十一至八十二、八十五）

03297 **仪礼十七卷** （汉）郑玄注 明正德十六年（1521）陈凤梧刻本
宁波市天一阁博物馆

03299 **仪礼十七卷** 明刻本 宁波市天一阁博物馆

03306 **礼记集说三十卷** （元）陈澔撰 明嘉靖十一年（1532）建宁府

刻本　浙江大学图书馆

03312 **礼记集说大全三十卷**　（明）胡广等辑　明内府刻本　徐时栋跋
宁波市天一阁博物馆

03320 **三礼考注六十四卷序录一卷纲领一卷**　（元）吴澄撰　明成化
九年（1473）谢士元刻本　浙江图书馆

03330 **乐经元义八卷**　（明）刘濂撰　明嘉靖刻本　绍兴图书馆

03352 **春秋左传十五卷**　（明）孙鑛批点　明万历四十四年（1616）闵
齐伋刻朱墨套印本　浙江图书馆

03353 **左传文苑八卷**　（明）张鼐辑　（明）陈继儒注　明刻朱墨套
印本　宁波市天一阁博物馆

03386 **四书或问三十六卷**　（宋）朱熹撰　明弘治十七年（1504）刻本
宁波市天一阁博物馆
存十七卷（大学章句或问一卷，论语或问卷五至二十）

03441 **汉隶分韵七卷**　明正德十一年（1516）刻本　张燕昌批校题记
浙江图书馆

03448 **古籀拾遗三卷**　（清）孙诒让撰　稿本　浙江大学图书馆

03449 **古籀余论一卷**　（清）孙诒让撰　稿本　浙江大学图书馆

03453 **华夷译语□卷**　（明）火源洁撰　明初刻本　宁波市天一阁博
物馆
存暹罗馆中，高昌馆中、下，西番馆中、下，百夷馆中、下，
女真馆中、下

03457 **集韵考正十卷**　（清）方成珪撰　稿本　温州市图书馆

03458 **新编篇韵贯珠集八卷直指玉钥匙门法一卷**　（明）释真空撰　明
正德十一年（1516）金台衍法寺释觉恒刻嘉靖三十八年（1559）
本赞修补本　浙江大学图书馆

03462 **洪武正韵十六卷**　（明）乐韶凤、宋濂等撰　明正德十年（1515）
张淮刻本　浙江图书馆

03465 **洪武正韵十六卷**　（明）乐韶凤、宋濂等撰　明嘉靖二十七年
（1548）衡藩刻蓝印本（卷一至卷三墨印）　浙江大学图书馆

03468 **会通馆集九经韵览□□卷**　（明）华燧辑　明弘治十一年（1498）
华氏会通馆铜活字印本　宁波市天一阁博物馆

存七卷（八至十四）

03527 **前汉书一百卷** （汉）班固撰 明德藩最乐轩刻本（列传卷一至八配清抄本） 浙江图书馆

存九十二卷（帝纪一至十二、年表一至八、志一至十、列传九至七十）

03530 **汉书一百卷** （汉）班固撰 （唐）颜师古注 明刻嘉靖十六年（1537）广东崇正书院重修本 浙江图书馆

03532 **汉书一百卷** （汉）班固撰 （唐）颜师古注 明嘉靖汪文盛等刻本 宁波市天一阁博物馆

03564 **宋史新编二百卷** （明）柯维骐撰 明嘉靖刻本（卷一至四抄配） 宁波市天一阁博物馆

03568 **宋史新编二百卷** （明）柯维骐撰 明嘉靖刻本 浙江图书馆

03577 **金史一百三十五卷目录二卷** （元）脱脱等撰 明初刻本 宁波市天一阁博物馆

03581 **元史二百十卷目录二卷** （明）宋濂等撰 明洪武三年（1370）内府刻本 浙江图书馆

03612 **少微通鉴节要五十卷外纪四卷** （宋）江贽撰 **资治通鉴节要续编三十卷**（明）张光启撰 明正德九年（1514）司礼监刻本 浙江图书馆

03625 **资治通鉴纲目五十九卷** （宋）朱熹撰 明成化九年（1473）内府刻本 浙江图书馆

03629 **资治通鉴纲目五十九卷** （宋）朱熹撰 明成化九年（1473）内府刻本 绍兴图书馆

存五十五卷（一至十一、十六至五十九）

03645 **资治通鉴纲目发明五十九卷** （宋）尹起莘撰 明内府刻本 浙江大学图书馆

存四十六卷（十四至五十九）

03662 **资治通鉴纲目集览五十九卷** （元）王幼学撰 明内府刻本 浙江大学图书馆

存四十一卷（一至三、九至十四、二十八至五十九）

03703 **资治通鉴节要续编三十卷** （明）张光启撰 明正德九年（1514）

司礼监刻本　浙江大学图书馆

03725 宋元通鉴一百五十七卷　（明）薛应旂撰　明嘉靖四十五年
（1566）自刻本　浙江图书馆

03726 宋元通鉴一百五十七卷　（明）薛应旂撰　明嘉靖四十五年
（1566）自刻本　浙江图书馆

03732 续资治通鉴六十四卷　（明）王宗沐撰　明隆庆元年（1567）
刻本　宁波市天一阁博物馆

03738 历代通鉴纂要九十二卷　（明）李东阳、刘机等撰　明正德二年
（1507）内府刻本　浙江图书馆

03741 历代通鉴纂要九十二卷　（明）李东阳、刘机等撰　明正德二年
（1507）内府刻本　杭州历史博物馆
存八十七卷（二至七十七、八十至九十）

03748 诸史会编大全一百一十二卷　（明）金㸑撰　明嘉靖四年（1525）
金坛县刻本　浙江大学图书馆

03764 两汉纪六十卷　明嘉靖二十七年（1548）黄姬水刻本　浙江图书馆

03765 两汉纪六十卷　明嘉靖二十七年（1548）黄姬水刻本　宁波市天
一阁博物馆

03766 两汉纪六十卷　明嘉靖二十七年（1548）黄姬水刻本　宁波市天
一阁博物馆

03767 两汉纪六十卷　明嘉靖二十七年（1548）黄姬水刻本　浙江义乌
市图书馆

03774 大明太祖高皇帝实录二百五十七卷　（明）胡广等纂修　明抄本
（卷一至四十七配清初抄本）　浙江图书馆
存二百五十二卷（一至二百四十八、二百五十四至二百五十七）

03775 大明宣宗章皇帝实录一百十五卷　（明）张辅、杨士奇等纂修
明抄本　浙江图书馆
存一百十卷（一至二十九、三十二至四十六、五十至一百十五）

03777 大明武宗毅皇帝实录一百九十七卷　（明）徐光祚、费宏等纂修
明抄本（卷一至八、一百九十五至一百九十七配抄本）　浙江
图书馆
存一百九十卷（一至七十六、八十至一百二十八、一百三十三至

一百九十七）

03778 **大明世宗肃皇帝实录不分卷** （明）张溶、徐阶等纂修 明抄本
浙江图书馆
存嘉靖元年八月至十月，二年四月至六月，三年正月至四月，
六年六月至九月，七年八月至十月，九年八月至十月，十三年
正月至十二月，十四年正月至六月，十五年正月至九月，十八
年五月至十二月，二十年全，二十七年全，三十一年正月至五月，
三十六年三月至十二月，三十八年全

03779 **大明世宗肃皇帝实录五百六十六卷** （明）张溶、徐阶等纂修
明抄本 温州市图书馆
存十四卷（一至十、十五、十八、二十一、二十四）

03780 **大明穆宗庄皇帝实录七十卷** （明）张溶、张居正等纂修 明抄本
浙江图书馆

03789 **国语二十一卷** （三国吴）韦昭注 明嘉靖七年（1528）金李泽
远堂刻本 浙江大学图书馆

03792 **国语二十一卷** （三国吴）韦昭注 明嘉靖七年（1528）金李泽
远堂刻本 浙江图书馆

03801 **国语二十一卷** （三国吴）韦昭注 明嘉靖四年（1525）许宗鲁
宜静书堂刻本 浙江图书馆

03805 **国语九卷** （明）闵齐伋裁注 明万历四十七年（1589）闵齐伋
刻三色套印本 湖州市博物馆

03807 **鲍氏国策十卷** （宋）鲍彪校注 明嘉靖七年（1528）龚雷影宋
刻本 宁波市天一阁博物馆

03812 **鲍氏国策十卷** （宋）鲍彪校注 明嘉靖七年（1528）龚雷影宋
刻本 浙江图书馆

03819 **世本集览四十八卷** （清）王梓材辑 手稿本 浙江省博物馆

03825 **华阳国志十二卷** （晋）常璩撰 明嘉靖四十二年（1563）张佳
胤刻本 浙江图书馆

03838 **贞观政要十卷** （唐）吴兢撰 （元）戈直集论 明成化十二年
（1476）崇府刻本 浙江大学图书馆

03859 **钱房爱书一卷** （清）黄体芳撰 稿本 温州市图书馆

03879 **东汉书疏八卷** （明）周瓘辑 明弘治十四年（1501）刻两汉书疏本 浙江大学图书馆

03889 **宋丞相李忠定公奏议六十九卷附录九卷** （宋）李纲撰 明正德十一年（1516）胡文静、萧泮刻本 宁波市天一阁博物馆

03910 **高士传四卷** （明）薛应旂编 明隆庆刻本 温州市图书馆

03919 **历代君鉴五十卷** （明）代宗朱祁钰撰 明景泰四年（1453）内府刻本 浙江大学图书馆

03945 **殿阁词林记二十二卷** （明）廖道南撰 明嘉靖刻本 浙江大学图书馆

03954 **瓯海轶闻五十八卷** （清）孙衣言辑 稿本 温州市图书馆
存三十二卷（甲集卷一、五、九、十二至十四、十九；乙集名臣清全，官业元明清全，氏族全；文苑宋，南宋，元全；丙集艺术上、艺术下、流寓、列女、方外全；官师遗爱晋唐宋元全、忠义全、孝友全、义行全、介节全、隐逸全）

03959 **爨龙颜碑** （南朝宋）爨道庆撰文 南朝宋大明二年（458）刻石 清道光八年（1828）拓本 刘喜海绘图 王瓘释文并跋 浙江省博物馆

03961 **鄂国金佗稡编二十八卷续编三十卷** （宋）岳珂辑 明嘉靖二十一年（1542）洪富刻三十七年（1558）黄日敬重修本 宁波市天一阁博物馆
存三十八卷（稡编一至十三，续编一至十四、二十至三十）

03988 **过来语不分卷** （清）赵钧撰 稿本 温州市图书馆
存清道光六年至同治四年

03995 **避寇日记不分卷** （清）沈梓撰 稿本 嘉兴市图书馆
存清咸丰十年至同治三年

04003 **柔桥王氏家谱九卷** （清）王棻纂修 稿本 杭州图书馆

04013 **明贡举录一卷** （明）范钦辑 稿本 宁波市天一阁博物馆

04052 **史记钞九十一卷** （明）茅坤辑 明泰昌元年（1620）闵振业刻朱墨套印本 浙江图书馆

04061 **两汉博闻十二卷** （宋）杨侃辑 明嘉靖三十七年（1558）黄鲁曾刻本 浙江大学图书馆

04070 **两汉博闻十二卷** （宋）杨侃辑 明嘉靖三十七年（1558）黄鲁曾刻本 宁波市天一阁博物馆

04072 **汉隽十卷** （宋）林钺辑 明嘉靖十一年（1532）郑鼎刻本 浙江大学图书馆

04088 **欧阳文忠公五代史抄二十卷** （明）茅坤辑 明刻朱墨套印本 浙江大学图书馆

04120 **大明一统志九十卷** （明）李贤、万安等纂修 明嘉靖三十八年（1559）书林杨氏归仁斋刻本 温州市图书馆

04186 **古今游名山记十七卷总录三卷** （明）何镗辑 明嘉靖四十四年（1565）自刻本 浙江图书馆

04188 **古今游名山记十七卷总录三卷** （明）何镗辑 明嘉靖四十四年（1565）自刻本 宁波市天一阁博物馆
存十八卷（一至二、五至十七，总录全）

04194 **雁山志稿二十五卷** （清）李象坤撰 稿本 浙江大学图书馆
存十一卷（一至十一）

04216 **三辅黄图六卷** 明嘉靖三十二年（1553）唐时英刻本 杭州历史博物馆

04241 **杜氏通典二百卷** （唐）杜佑撰 明嘉靖十八年（1539）王德溢、吴鹏刻本 浙江图书馆

04249 **文献通考三百四十八卷** （元）马端临撰 明正德十一至十四年（1516—1519）刘洪慎独斋刻十六年（1521）重修本 浙江图书馆

04273 **文献通考三百四十八卷** （元）马端临撰 明嘉靖三年（1524）司礼监刻本（卷六十七至六十九配清抄本） 杭州图书馆

04279 **文献通考三百四十八卷首一卷** （元）马端临撰 明嘉靖冯天驭刻本 温州市图书馆

04296 **大明集礼五十三卷** （明）徐一夔、梁寅等撰 明嘉靖九年（1530）内府刻本 浙江图书馆

04300 **明伦大典二十四卷** （明）杨一清、熊浃等纂修 明嘉靖七年（1528）内府刻本 浙江图书馆

04311 **马政志四卷** （明）陈讲撰 明嘉靖刻本 宁波市天一阁博物馆

存二卷（一至二）

04328 金石古文十四卷 （明）杨慎辑 明嘉靖三十四年（1555）孙昭、李懿刻本 浙江图书馆

04339 商周金识拾遗三卷 （清）孙诒让撰 稿本 浙江大学图书馆

04349 京畿金石考二卷 （清）孙星衍撰 清乾隆活字印本 沈曾植批注 浙江省博物馆

04356 温州古甓记不分卷 （清）孙诒让撰 稿本 浙江大学图书馆

04366 古印选四卷 （明）陈巨昌辑 明万历三十二年（1604）刻钤印本 西泠印社

04369 片玉堂集古印章六卷 （明）陆鑨辑 明万历刻钤印本 西泠印社

04370 图书府印谱六卷 （明）释自彦辑 明万历四十年（1612）刻钤印本 西泠印社

04371 忍草堂印选二卷 （明）程原、程朴篆 明天启六年（1626）刻钤印本 西泠印社

04372 石鼓斋印鼎九卷 （明）余藻撰 明崇祯元年（1628）自刻本 西泠印社

04373 翰苑印林二卷 （明）吴日章辑 明崇祯七年（1634）刻钤印本 西泠印社

04374 松谈阁印史五卷 （明）郭宗昌篆 稿本 西泠印社

04376 东莱先生音注唐鉴二十四卷 （宋）范祖禹撰 （宋）吕祖谦注 明弘治十年（1497）吕镗刻本 浙江大学图书馆

04382 学史十三卷 （明）邵宝撰 明正德十六年（1521）陈察刻本 浙江大学图书馆

04404 孔子家语十卷 题（三国魏）王肃注 明隆庆六年（1572）徐祚锡刻本 浙江图书馆

04406 孔子家语八卷 （明）何孟春注 明永明书院刻本 宁波市天一阁博物馆

04438 大学衍义补一百六十卷首一卷 （明）丘濬撰 明弘治元年（1488）建宁府刻本 浙江图书馆

04451 性理大全书七十卷 （明）胡广等撰 明永乐十三年（1415）内

府刻本　浙江大学图书馆

04456　**性理大全书七十卷**　（明）胡广等撰　明嘉靖三十八年（1559）
樊献科刻本　浙江图书馆

04501　**武经总要前集二十卷后集二十卷**　（宋）曾公亮撰　清乾隆内府
写本　浙江大学图书馆
存二卷（后集十三至十四）

04516　**农书三十六卷**　（元）王祯撰　明嘉靖九年（1530）山东布政使
司刻本　浙江图书馆

04529　**补注释文黄帝内经素问十二卷**　（唐）王冰注　（宋）林亿等
校正　（宋）孙兆改误　**遗篇一卷　黄帝素问灵枢经十二卷**
（宋）史崧音释　明赵府居敬堂刻本　浙江图书馆

04533　**重广补注黄帝内经素问二十四卷**　（唐）王冰注　（宋）林亿等
校正　（宋）孙兆改误　明嘉靖二十九年（1550）顾从德影宋刻本
杭州图书馆

04536　**重广补注黄帝内经素问二十四卷**　（唐）王冰注　（宋）林亿等
校正　（宋）孙兆改误　明嘉靖二十九年（1550）顾从德影宋刻本
浙江图书馆

04537　**重广补注黄帝内经素问二十四卷**　（唐）王冰注　（宋）林亿等
校正　（宋）孙兆改误　明嘉靖二十九年（1550）顾从德影宋刻本
宁波市天一阁博物馆

04553　**重修政和经史证类备用本草三十卷**　（宋）唐慎微撰　（宋）寇
宗奭衍义　明成化四年（1468）原杰、雷复等刻本（有补配）　浙
江图书馆

04557　**重修政和经史证类备用本草三十卷**　（宋）唐慎微撰　（宋）寇
宗奭衍义　明嘉靖三十一年（1552）周琰、李迁刻本　浙江图书馆

04576　**孙真人备急千金要方九十三卷目录二卷**　（唐）孙思邈撰　明嘉靖
二十二年（1543）乔世定小丘山房刻本　浙江图书馆
存八十九卷（一至四十三、四十八至九十三）

04602　**医学统旨六卷**　（明）叶文龄撰　明嘉靖十四年（1535）胡体乾
刻本　宁波市天一阁博物馆

04604　**新编医学正传八卷**　（明）虞抟撰　明嘉靖刻本　杭州图书馆

04631 天心复要不分卷 （明）鲍泰撰 明抄本 宁波市天一阁博物馆

04635 六历甄微不分卷 （清）孙诒让撰 稿本 浙江大学图书馆
存四卷（一至四）

04649 天元玉历祥异赋七卷 （明）仁宗朱高炽撰 明洪熙元年（1425）
内府刻本 宁波市天一阁博物馆

04654 焦氏易林二卷 题（汉）焦延寿撰 明嘉靖四年（1525）姜恩刻本
杭州图书馆

04671 书法钩玄四卷 （元）苏霖撰 明嘉靖三十六年（1557）严嵩刻本
杭州历史博物馆

04672 书法钩玄四卷 （元）苏霖撰 明嘉靖三十六年（1557）严嵩刻本
绍兴图书馆
存三卷（一至三）

04688 珍善斋印印四卷 （明）吴迥篆刻并辑 明万历刻钤印本 西泠
印社

04689 晓采居印印二卷 （明）吴迥篆刻并辑 明万历刻钤印本 西泠
印社

04690 金一甫印选不分卷 （明）金光先篆刻并辑 明万历刻钤印本
西泠印社

04691 鸿栖馆印选一卷 （明）吴忠篆刻 明万历四十三年（1615）刻钤
印本 西泠印社

04692 皇明印史四卷 （明）邵潜篆刻并辑 明天启刻钤印本 西泠
印社

04698 学山堂印谱八卷 （明）张灏辑 明崇祯刻钤印本 西泠印社

04699 梁千秋印隽四卷 （明）梁千秋篆 明万历刻钤印本 西泠印社

04700 印商一卷 （明）程云衢篆刻 明崇祯七年（1634）刻钤印本
西泠印社

04725 吕氏春秋二十六卷 （汉）高诱注 明嘉靖七年（1528）许宗鲁
刻本 浙江图书馆

04777 籀高述林不分卷 （清）孙诒让撰 稿本 孙延钊、刘恭冕校
浙江大学图书馆

04792 何氏语林三十卷 （明）何良俊撰 明嘉靖二十九年（1550）何氏

清森阁刻本　宁波市天一阁博物馆

04804　**自警编九卷**　（宋）赵善璙辑　明嘉靖十九年（1540）陈光哲刻本　杭州图书馆

04850　**初学记三十卷**　（唐）徐坚等辑　明嘉靖十年（1531）锡山安国桂坡馆刻本　浙江大学图书馆

04853　**初学记三十卷**　（唐）徐坚等辑　明嘉靖十年（1531）锡山安国桂坡馆刻本　浙江图书馆

04885　**文选类林十八卷**　（宋）刘攽辑　明嘉靖三十七年（1558）吴思贤刻本　宁波市天一阁博物馆

04914　**古今合璧事类备要前集六十九卷后集八十一卷续集五十六卷**（宋）谢维新辑　**别集九十四卷外集六十六卷**　（宋）虞载辑　明嘉靖三十一至三十五年（1552—1556）夏相刻本　浙江图书馆

04942　**修辞指南二十卷**　（明）浦南金辑　明嘉靖三十六年（1557）浦氏五乐堂刻本　浙江图书馆

04976　**三子合刊十三卷**　明闵齐伋刻套印本　浙江图书馆

04999　**王世懋楷书阴符经**　（明）王世懋缮写　明万历八年（1580）王世懋写本　西泠印社

05026　**楚骚五卷**　（战国）屈原撰　**附录一卷**　（汉）司马迁撰　明正德十五年（1520）熊宇刻篆字本　浙江大学图书馆

05027　**楚骚五卷**　（战国）屈原撰　**附录一卷**　（汉）司马迁撰　明正德十五年（1520）熊宇刻篆字本　宁波市天一阁博物馆

05058　**楚辞十七卷**　（宋）洪兴祖、（明）刘凤等注　（明）陈深批点　**附录一卷**　明万历二十八年（1600）凌毓柟刻朱墨套印本　宁波市天一阁博物馆

05081　**汉蔡中郎集六卷**　（汉）蔡邕撰　明嘉靖二十七年（1548）杨贤刻本　温州市图书馆

05091　**曹子建集十卷**　（三国魏）曹植撰　（明）李梦阳、王世贞评　明天启元年（1621）凌性德刻朱墨套印本　浙江大学图书馆

05095　**支道林集一卷**　（晋）释支遁撰　明嘉靖十九年（1540）黄甫涍刻本　绍兴图书馆

05101　**陶靖节集十卷**　（晋）陶潜撰　（宋）汤汉等笺注　**总论一卷**

明嘉靖二十五年（1546）蒋孝刻本　杭州图书馆

05128　**唐骆先生集八卷**　（唐）骆宾王撰　（明）王衡等评释　**附录一卷**
明凌毓枏刻朱墨套印本　浙江大学图书馆

05150　**类笺唐王右丞诗集十卷**　（唐）王维撰　（明）顾起经注　**文集
四卷集外编一卷**　（唐）王维撰　（明）顾起经辑　**年谱一卷**
（明）顾起经撰　**唐诸家同咏集一卷赠题集一卷历朝诸家评王
右丞诗画抄一卷**　（明）顾起经辑　明嘉靖三十五年（1556）
顾氏奇字斋刻本　宁波市天一阁博物馆

05165　**孟浩然诗集二卷**　（唐）孟浩然撰　（宋）刘辰翁评　（明）李梦
阳评　明凌濛初刻朱墨套印本　浙江大学图书馆

05206　**李诗选五卷**　（唐）李白撰　（明）张含辑　（明）杨慎批点
明刻朱墨套印本　浙江大学图书馆

05211　**韦苏州集十卷拾遗一卷总论一卷**　（唐）韦应物撰　明凌濛初刻
朱墨套印本　杭州历史博物馆

05217　**韦苏州集十卷拾遗一卷**　（唐）韦应物撰　明凌濛初刻朱墨套印本
浙江大学图书馆

05235　**集千家注杜工部诗集二十卷文集二卷**　（唐）杜甫撰　（宋）黄鹤
补注　**附录一卷**　明嘉靖十五年（1536）玉几山人刻本　宁波市
天一阁博物馆

05284　**李长吉歌诗四卷外诗集一卷**　（唐）李贺撰　（宋）刘辰翁评
明凌濛初刻朱墨套印本　杭州图书馆

05294　**韩文四十卷外集十卷遗集一卷**　（唐）韩愈撰　**集传一卷**　明嘉靖
十六年（1537）游居敬刻韩柳文本　宁波市天一阁博物馆

05295　**韩文四十卷外集一卷遗集一卷**　（唐）韩愈撰　**集传一卷**　明嘉靖
十六年（1537）游居敬刻韩柳文本　浙江大学图书馆

05303　**韩文四十卷外集十卷遗集一卷**　（唐）韩愈撰　**集传一卷**　明嘉靖
三十五年（1559）莫如士刻韩柳文本　宁波市天一阁博物馆

05309　**韩文一卷**　（唐）韩愈撰　明万历四十五年（1617）闵齐伋刻朱
墨套印本　杭州图书馆

05323　**朱文公校昌黎先生文集四十卷外集十卷遗文一卷**　（唐）韩愈撰
（宋）朱熹考异　（宋）王伯大音释　**传一卷**　明嘉靖十三年

（1534）安正书堂刻本　杭州图书馆

05345　昌黎先生集四十卷外集十卷遗文一卷　（唐）韩愈撰　（宋）廖莹中校正　朱子校昌黎先生集传一卷　明徐氏东雅堂刻本　浙江大学图书馆

05381　河东先生集四十五卷外集二卷龙城录二卷　（唐）柳宗元撰（宋）廖莹中校正　附录二卷传一卷　明郭云鹏济美堂刻本宁波市天一阁博物馆

05383　河东先生集四十五卷外集二卷龙城录二卷　（唐）柳宗元撰（宋）廖莹中校正　附录二卷传一卷　明郭云鹏济美堂刻本浙江大学图书馆

05409　孟东野诗集十卷　（唐）孟郊撰　联句一卷　明嘉靖三十五年（1556）秦禾刻本　浙江大学图书馆

05468　司马太师温国文正公传家集八十卷目录二卷　（宋）司马光撰明刻本（卷七至十三配清莫氏抄本）　杭州图书馆

05479　直讲李先生文集三十七卷　（宋）李觏撰　外集三卷年谱一卷门人录一卷　明正德十三年（1518）孙甫刻本　浙江大学图书馆

05487　南丰先生元丰类稿五十一卷　（宋）曾巩撰　明成化八年（1472）南丰县刻递修本　孙衣言校并跋　浙江大学图书馆

05501　濂溪集六卷　（宋）周敦颐撰　明嘉靖三十七年（1558）丁永成刻本　杭州图书馆

05506　欧阳文集五十卷　（宋）欧阳修撰　年谱一卷　（宋）胡柯撰明嘉靖二十二年（1543）李冕刻本　温州市图书馆

05541　重刊嘉祐集十五卷　（宋）苏洵撰　明弘治刻本　宁波市天一阁博物馆

05561　东坡先生和陶渊明诗四卷　（宋）苏轼撰　明末毛氏汲古阁影宋抄本　浙江义乌市图书馆

05595　苏文六卷　（宋）苏轼撰　（明）茅坤等评　明闵尔容刻三色套印本　宁波市天一阁博物馆

05617　苏长公小品四卷　（宋）苏轼撰　（明）王纳谏辑并评　明凌启康刻朱墨套印本　宁波市天一阁博物馆

05633　后山先生集三十卷　（宋）陈师道撰　明弘治十二年（1499）马

暾刻本　浙江大学图书馆

05638　**道乡先生邹忠公文集四十卷续集一卷**　（宋）邹浩撰　明正德
七年（1512）邹翎刻本　浙江大学图书馆

05642　**唐眉山诗集十卷文集十四卷**　（宋）唐庚撰　清雍正三年（1725）
汪亮采南陔草堂活字印本　嘉兴市图书馆

05653　**孙尚书内简尺牍编注十卷**　（宋）孙觌撰　（宋）李祖尧注
明嘉靖三十六年（1557）顾名儒刻本　浙江大学图书馆

05663　**莆阳知稼翁文集十一卷词一卷**　（宋）黄公度撰　明黄廷用刻本
浙江大学图书馆

05664　**竹洲文集二十卷**　（宋）吴儆撰　**附录一卷**　明弘治六年（1493）
吴雷亨刻蓝印本　浙江大学图书馆

05672　**晦庵文抄七卷**　（宋）朱熹撰　（明）吴讷辑　明刻本　杭州
图书馆

05675　**止斋先生文集五十二卷**　（宋）陈傅良撰　**附录一卷**　明正德
元年（1506）林长繁刻本　浙江大学图书馆

05681　**止斋先生文集二十八卷**　（宋）陈傅良撰　明嘉靖十年（1531）
安正堂刻本　孙诒让校并跋　浙江大学图书馆

05693　**会稽三赋四卷**　（宋）王十朋撰　（明）南逢吉注　（明）尹坛
补注　（明）陶望龄评　明天启元年（1621）凌弘宪刻朱墨套印
本　浙江图书馆

05708　**水心集校注不分卷**　（清）孙衣言撰　稿本　温州市图书馆

05728　**文山先生全集二十八卷**　（宋）文天祥撰　明嘉靖三十一年
（1552）鄢懋卿、宁宠刻本　宁波市天一阁博物馆

05734　**蛟峰集七卷**　（宋）方逢辰撰　**山房先生遗文一卷**　（宋）方逢
振撰　**蛟峰外集四卷**　（明）方中辑　明天顺七年（1463）方中
刻弘治嘉靖递修本　浙江大学图书馆

05749　**静修先生丁亥集六卷遗文六卷遗诗六卷拾遗七卷续集三卷**
（元）刘因撰　**附录二卷**　明弘治十八年（1505）崔喦刻本
浙江大学图书馆

05756　**周此山诗集四卷**　（元）周权撰　明抄本　浙江大学图书馆

05757　**周此山先生诗集四卷**　（元）周权撰　清乾隆间鲍氏知不足斋

抄本　鲍士恭、张煜跋　浙江大学图书馆

05758　范德机诗集七卷　（元）范梈撰　明抄本　浙江大学图书馆

05767　圭斋文集十六卷　（元）欧阳玄撰　明成化七年（1471）刘釪刻本
浙江大学图书馆

05773　青阳先生文集六卷　（元）余阙撰　明正德十五年（1520）胡汝
登刻本　浙江大学图书馆

05790　宋学士文集七十五卷　（明）宋濂撰　明正德九年（1514）张缙
刻本　浙江大学图书馆

05810　太师诚意伯刘文成公集十八卷　（明）刘基撰　明嘉靖三十五年
（1556）樊献科、于德昌刻本　温州市图书馆

05812　太师诚意伯刘文成公集二十卷　（明）刘基撰　明隆庆六年
（1572）谢廷杰、陈烈刻本　浙江大学图书馆

05820　陶学士先生文集二十卷　（明）陶安撰　事迹一卷　明弘治十三
年（1500）项经刻递修本　浙江大学图书馆

05827　朱一斋先生文集前十卷后五卷广游文集一卷　（明）朱善撰　明成
化二十二年（1486）朱维鉴刻本　浙江大学图书馆

05831　王忠文公文集二十四卷　（明）王祎撰　（明）刘杰辑　明嘉靖
元年（1522）张齐刻本　浙江大学图书馆

05834　苏平仲文集十六卷　（明）苏伯衡撰　明正统七年（1442）黎谅
刻本　浙江大学图书馆

05845　逊志斋集三十卷拾遗十卷　（明）方孝孺撰　明成化十六年（1480）
郭绅刻本　浙江大学图书馆

05857　东里文集二十五卷　（明）杨士奇撰　明刻本　浙江大学图书馆

05860　三山翰林院典籍高漫士木天清气诗集不分卷　（明）高棅撰　明怡
颜堂抄本　浙江大学图书馆

05912　匏翁家藏集七十七卷补遗一卷　（明）吴宽撰　明正德三年
（1508）吴奭刻本　浙江大学图书馆

05991　周恭肃公集十六卷　（明）周用撰　附录一卷　明嘉靖二十八年
（1549）周国南川上草堂刻本　浙江大学图书馆

06005　何仲默集十卷　（明）何景明撰　明嘉靖费懋等刻本　浙江大学
图书馆

06058 **欧阳南野先生文集三十卷** （明）欧阳德撰 明嘉靖三十七年
（1558）梁汝魁刻本 浙江大学图书馆

06148 **祁忠敏公天启壬戌会试朱卷不分卷** （明）祁彪佳撰 明抄本
杭州历史博物馆

06173 **江游草一卷** （清）冯念祖撰 稿本 钱大昕批并跋 浙江省
海宁市图书馆

06182 **陶韦合集二十卷** 明凌濛初刻朱墨套印本 浙江图书馆

06189 **李杜诗选十一卷** （明）张含编 （明）杨慎等评 明刻朱墨
套印本 浙江图书馆

06192 **李杜诗选十一卷** （明）张含编 （明）杨慎等评 明刻朱墨
套印本 宁波市天一阁博物馆

06221 **文选六十卷** （南朝梁）萧统辑 （唐）李善注 明成化二十三
年（1487）唐藩朱芝址刻本（序清莫友芝抄补） 莫绳孙跋 浙
江图书馆

06227 **文选六十卷** （南朝梁）萧统辑 （唐）李善注 明嘉靖四年
（1524）晋藩养德书院刻本 浙江图书馆

06237 **六臣注文选六十卷** （南朝梁）萧统辑 （唐）李善、吕延济、
刘良、张铣、吕向、李周瀚注 明吴勉学刻本 杭州图书馆

06246 **文选尤十四卷** （南朝梁）萧统辑 （明）邹思明删订 明天启
二年（1622）刻三色套印本 浙江图书馆

06247 **文选尤十四卷** （南朝梁）萧统辑 （明）邹思明删订 明天启
二年（1622）刻三色套印本 宁波市天一阁博物馆

06255 **选诗七卷** （南朝梁）萧统辑 （明）郭正域批点 （明）凌濛初
辑评 **诗人世次爵里一卷** 明凌濛初刻朱墨套印本 浙江图书馆

06271 **选赋六卷** （南朝梁）萧统辑 （明）郭正域评点 **名人世次爵里
一卷** 明凌氏凤笙阁刻朱墨套印本 浙江图书馆

06292 **文苑英华一千卷** （宋）李昉等辑 明隆庆元年（1567）胡维新、
戚继光刻本 浙江图书馆

06305 **古文苑二十一卷** （宋）章樵注 明成化十八年（1482）张世用
刻本 浙江大学图书馆

06317 **古乐府十卷** （元）左克明辑 明嘉靖二十三年（1544）萧一中

刻本　杭州图书馆

06321　**古乐府十卷**　（元）左克明辑　明刻本　宁波市天一阁博物馆

06325　**古乐苑不分卷**　（明）韩锡辑　稿本　浙江大学图书馆

06328　**汉魏诗集十四卷**　（明）刘成德辑　明正德十二年（1517）何景
　　　　旸刻本　宁波市天一阁博物馆

06338　**诗归五十一卷**　（明）钟惺、谭元春辑　明闵振业、闵振声刻
　　　　三色套印本　浙江图书馆

06350　**新刊迂斋先生标注崇古文诀三十五卷**　（宋）楼昉辑　明刻本
　　　　宁波市天一阁博物馆

06354　**西山先生真文忠公文章正宗二十四卷**　（宋）真德秀辑　明正德
　　　　十五年（1520）马卿刻本　浙江图书馆

06370　**集录真西山文章正宗三十卷**　（宋）真德秀辑　明嘉靖二十三年
　　　　（1544）孔天胤刻本　杭州图书馆

06381　**文章辨体五十卷外集五卷总论一卷**　（明）吴讷辑　明嘉靖
　　　　三十四年（1555）徐洛刻本　浙江图书馆

06404　**古文提奇五卷总论序一卷**　（明）颜茂猷辑　明崇祯刻朱墨
　　　　套印本　浙江大学图书馆

06420　**重校正唐文粹一百卷**　（宋）姚铉辑　明嘉靖三年（1524）徐焴
　　　　刻本　浙江图书馆

06421　**重校正唐文粹一百卷**　（宋）姚铉辑　明嘉靖三年（1524）徐焴
　　　　刻本　宁波市天一阁博物馆

06423　**重校正唐文粹一百卷**　（宋）姚铉辑　明嘉靖三年（1524）徐焴
　　　　刻本　王芑孙校并跋　浙江图书馆
　　　　存七十四卷（一至七十四）

06438　**唐音十卷**　（元）杨士弘辑　明刻重修蓝印本　浙江大学图书馆

06439　**唐音十五卷**　（元）杨士弘辑　（明）顾璘批点　明嘉靖二十年
　　　　（1541）温秀刻本　宁波市天一阁博物馆

06455　**唐李杜诗集十六卷**　（明）万虞恺、邵勋辑　明嘉靖二十一年
　　　　（1542）万虞恺刻本　杭州历史博物馆

06481　**新安文献志一百卷先贤事略二卷目录二卷**　（明）程敏政辑　明弘
　　　　治十年（1497）祁司员、彭哲等刻本　宁波市天一阁博物馆

06488 东瓯诗集七卷补遗一卷续集八卷　（明）赵谏辑　明正德刻本　温州市图书馆

06522 南溪笔录群贤诗话前集一卷后集一卷续集一卷　明正德五年（1510）程启充刻本　浙江大学图书馆

06529 百家词□□□卷　（明）吴讷辑　明抄本　绍兴图书馆　存二十一卷（半山词一卷，逍遥词一卷，竹窗词一卷附录一卷，烘堂集一卷，鸣鹤余音一卷，蒲江词稿一卷，酒边集二卷，知稼翁词一卷，白雪词一卷，东泽绮语一卷，东浦词一卷，白石先生词一卷，履斋先生诗余一卷续集一卷，蜕严词二卷，初寮词一卷，侨庵诗余一卷附录一卷）

06532 苹洲渔笛谱二卷集外词一卷　（宋）周密撰　清乾隆四年（1739）抄本　江昱批并跋　浙江大学图书馆

06548 张深之先生正北西厢秘本五卷　（元）王德信、关汉卿撰　（明）张深之校正　明崇祯刻本　浙江省博物馆

06575 劝善金科十本二十卷首一卷　（清）张照等撰　清乾隆内府五色抄本　圣藩居士跋　浙江大学图书馆

06577 蟠桃会一卷　清初四色抄本　宁波市天一阁博物馆

第三批
（308 部）

06983 附释音周礼注疏四十二卷　（汉）郑玄注　（唐）贾公彦等疏　（唐）陆德明释文　元刻明修本　章炳麟跋　浙江图书馆

06986 仪礼十七卷仪礼图十七卷旁通图一卷　（宋）杨复撰　元刻明修本（仪礼图卷十六至十七及旁通图配清抄本）　浙江图书馆　存十八卷（仪礼图全、旁通图全）

06992 附释音礼记注疏六十三卷　（汉）郑玄注　（唐）孔颖达疏　（唐）陆德明释文　元刻明修本　浙江图书馆

06997 附释音春秋左传注疏六十卷　（晋）杜预注　（唐）孔颖达疏　（唐）陆德明释文　元刻明修本　章炳麟跋　浙江图书馆

07029 **南史八十卷**　（唐）李延寿撰　元大德十年（1306）刻明嘉靖递
修本　浙江图书馆

07033 **北史一百卷**　（唐）李延寿撰　元大德信州路儒学刻明嘉靖递
修本　浙江图书馆

07036 **五代史记七十四卷**　（宋）欧阳修撰　宋刻元明递修本　浙江
图书馆

07048 **梁书五十六卷**　（唐）姚思廉撰　宋刻宋元明递修本　浙江图
书馆
存二十二卷（一至二、七至十三、二十九至三十五、四十三至
四十八）

07067 **唐书二百二十五卷**　（宋）欧阳修、宋祁等撰　**释音二十五卷**
（宋）董冲撰　元大德九年（1305）建康路儒学刻明成化弘治嘉
靖南京国子监递修本　浙江图书馆
存三十四卷（四十四至五十五、七十二至七十五、八十至八十五、
八十九至九十五、一百一至一百五）

07086 **通鉴前编十八卷举要二卷**　（宋）金履祥撰　元刻明成化十二年
（1476）南京吏部重修本　浙江图书馆
存十二卷（二至十一、举要全）

07099 **通鉴纪事本末四十二卷**　（宋）袁枢撰　宋宝祐五年（1257）赵
与口刻元明递修本　浙江图书馆
存三十五卷（一、四、六至十八、二十至三十、三十二至三十七、
三十九、四十一至四十二）

07134 **新编音点性理群书句解前集二十三卷**　（宋）熊节辑　（宋）熊刚
大集解　宋刻本　宁波市天一阁博物馆
存八卷（一至八）

07185 **大悲心陀罗尼经一卷**　（唐）释伽梵达摩译　宋明道二年（1033）
胡则刻本　浙江省瑞安市文物馆

07223 **东莱吕太史文集十五卷别集十六卷外集五卷**　（宋）吕祖谦撰
丽泽论说集录十卷　（宋）吕祖俭辑　**附录三卷附录拾遗一卷**
宋嘉泰四年（1204）吕乔年刻元明递修本　浙江图书馆
存十卷（别集十一至十六、集录七至十）

07247 五经五卷　明广阳陈儒刻本　浙江图书馆

07255 十三经注疏三百三十五卷　明嘉靖李元阳刻本　浙江大学图书馆

07268 易学本原启蒙意见四卷　（明）韩邦奇撰　明正德九年（1514）
　　　李沧刻本　浙江图书馆

07269 古易世学十七卷　（明）丰坊撰　明抄本　浙江图书馆
　　　存十五卷（三至十七）

07283 书传会选六卷　（明）刘三吾等撰　明赵府味经堂刻本　王绍兰、
　　　蔡名衡跋　浙江图书馆

07286 徽郡新刊书经讲义二卷　（明）程弘宾撰　明嘉靖四十三年
　　　（1564）新安程氏刻本　浙江图书馆

07293 诗经疏义会通二十卷纲领一卷图一卷　（元）朱公迁撰　（明）
　　　王逢辑　（明）何英增释　明嘉靖二年（1523）书林刘氏安正书
　　　堂刻本　浙江图书馆

07295 诗经亿四卷　（明）王道撰　明徐中立刻本　宁波市天一阁博
　　　物馆

07296 诗经四卷小序一卷　（明）钟惺评点　明凌杜若刻三色套印本
　　　浙江图书馆

07309 韩诗外传十卷　（汉）韩婴撰　明铜活字印本　宁波市天一阁
　　　博物馆
　　　存二卷（三至四）

07314 周礼注疏四十二卷　（汉）郑玄注　（唐）贾公彦等疏　（唐）
　　　陆德明释文　明嘉靖应槚刻本　浙江图书馆

07321 仪礼注疏十七卷　（汉）郑玄注　（唐）贾公彦等疏　（唐）陆
　　　德明释文　明万历二十一年（1593）北京国子监刻十三经注疏本
　　　顾广圻校并跋　宁波市天一阁博物馆

07327 新刊京本礼记纂言三十六卷　（元）吴澄撰　明嘉靖九年（1530）
　　　安正书堂刻本　浙江图书馆

07331 礼记集说三十卷　（元）陈澔撰　明嘉靖三十五年（1556）广东
　　　崇正堂刻本　浙江图书馆

07335 新刊礼记正蒙讲意三十八卷　（明）陈襃撰　明嘉靖十六年
　　　（1537）左序刻本　浙江大学图书馆

07339 **檀孟批点二卷** （宋）谢枋得批点 （明）杨慎附注 明刻本
浙江图书馆

07346 **仪礼经传通解三十七卷** （宋）朱熹撰 **续二十九卷** （宋）黄榦、
杨复撰 明正德十六年（1521）刘瑞、曹山刻本 浙江图书馆

07352 **大乐律吕元声六卷律吕考注四卷** （明）李文利撰 （明）李元
校补 明嘉靖十四年（1535）浙江布政司刻本 浙江图书馆

07353 **大乐律吕元声六卷** （明）李文利撰 （明）李元校补 明嘉靖
十四年（1535）浙江布政司刻本 浙江大学图书馆

07357 **乐律纂要一卷** （明）季本撰 明嘉靖十八年（1539）宋楫刻本
浙江图书馆

07368 **春秋左传三十卷** （晋）杜预注 （宋）林尧叟音注 明嘉靖二
十四年（1545）书林宗文堂郑希善刻本 浙江图书馆

07376 **唐荆川先生编纂左氏始末十二卷** （明）唐顺之撰 明嘉靖四十
一年（1562）唐正之刻本 浙江图书馆

07383 **春秋世学三十二卷** （明）丰坊撰 明抄本 宁波市天一阁博物馆
存二十七卷（一至二十七）

07384 **春秋旁训四卷** 明嘉靖三十八年（1559）云南刻本 宁波市天一
阁博物馆
存二卷（三至四）

07386 **春秋说不分卷** （清）王绍兰撰 稿本 浙江图书馆

07396 **孟子杂记四卷** （明）陈士元撰 明隆庆浩然堂刻本 浙江图书馆

07397 **大学亿二卷释疑一卷** （明）王道撰 明嘉靖二十三年（1544）
钱梗刻本 宁波市天一阁博物馆

07403 **读四书丛说八卷** （元）许谦撰 明抄本 浙江图书馆

07407 **四书集注大全四十三卷** （明）胡广等辑 明天顺二年（1458）
黄氏仁和堂刻本 浙江图书馆
存三卷（大学章句一卷、或问一卷、中庸或问一卷）

07409 **虚斋蔡先生四书蒙引初稿十五卷** （明）蔡清撰 明正德十五年
（1520）李墀刻本 宁波市天一阁博物馆
存十三卷（一至六、八至十四）

07417 **四书疏记四卷** （清）陈鳣撰 手稿本 浙江图书馆

07419 五经蠡测六卷　　（明）蒋悌生撰　明嘉靖十七年（1538）蒋宗雨刻本　浙江图书馆

07437 重刊许氏说文解字五音韵谱十二卷　　（宋）李焘撰　明弘治十四年（1501）车玉刻本　浙江图书馆

07455 契文举例二卷　　（清）孙诒让撰　稿本　浙江大学图书馆

07492 史记题评一百三十卷　　（明）杨慎、李元阳辑　明嘉靖十六年（1537）胡有恒、胡瑞刻本　浙江大学图书馆

07505 前汉书一百卷　　（汉）班固撰　（唐）颜师古注　明嘉靖八至九年（1529—1530）南京国子监刻本　浙江图书馆

07526 班马异同三十五卷　　（宋）倪思撰　（宋）刘辰翁评　明嘉靖十六年（1537）李元阳刻本　浙江大学图书馆

07530 后汉书九十卷　　（南朝宋）范晔撰　（唐）李贤注　志三十卷（晋）司马彪撰　（南朝梁）刘昭注　明嘉靖汪文盛等刻本　浙江图书馆

07544 唐书二百卷　　（后晋）刘昫等撰　明嘉靖十八年（1539）闻人诠刻本　浙江大学图书馆

07567 辽史一百十六卷　　（元）脱脱等撰　明嘉靖八年（1529）南京国子监刻本　浙江图书馆

07575 金史一百三十五卷目录二卷　　（元）脱脱等撰　明嘉靖八年（1529）南京国子监刻本　浙江图书馆

07600 资治通鉴考异三十卷　　（宋）司马光撰　明嘉靖二十三至二十四年（1544—1545）孔天胤刻本　浙江大学图书馆
存二十七卷（一至二十三、二十七至三十）

07602 司马温公经进稽古录二十卷　　（宋）司马光撰　明弘治十四年（1501）杨璋刻本（有抄配）　浙江大学图书馆

07606 资治通鉴纲目前编十八卷举要三卷　　（宋）金履祥撰　外纪一卷（明）陈□撰　明嘉靖十四年（1535）书林清江堂刻本　浙江图书馆

07614 新刊宪台考正少微通鉴全编二十卷外纪二卷　　（宋）江贽撰　新刊宪台考正宋元通鉴全编二十一卷　明嘉靖三十五年（1556）吉澄刻三十八年（1559）樊献科重修本（少微通鉴全编卷三至四配

清抄本）　浙江图书馆

07629　**资治通鉴纲目五十九卷**　（宋）朱熹撰　明嘉靖三十五年（1556）赵府居敬堂刻本　浙江图书馆

07636　**资治通鉴纲目发明五十九卷**　（宋）尹起莘撰　明内府刻本　浙江图书馆

07637　**资治通鉴纲目发明五十九卷**　（宋）尹起莘撰　明内府刻本　浙江图书馆

07640　**资治通鉴纲目集览五十九卷**　（元）王幼学撰　（明）陈济正误　明内府刻本　浙江图书馆

07641　**资治通鉴纲目集览五十九卷**　（元）王幼学撰　（明）陈济正误　明内府刻本　浙江图书馆

07642　**资治通鉴纲目集览五十九卷**　（元）王幼学撰　（明）陈济正误　明内府刻本　浙江图书馆

07646　**新刊紫阳朱子纲目大全五十九卷首一卷**　（宋）朱熹撰　（宋）尹起莘发明　（元）刘友益书法　（元）汪克宽考异　（元）徐昭文考证　（元）王幼学集览　（明）陈济正误　（明）冯智舒质实　明嘉靖十年（1531）书林杨氏清江书堂刻本　浙江图书馆

07650　**资治通鉴纲目集说五十九卷前编二卷**　（明）扶安辑　（明）晏宏校补　明嘉靖晏宏刻本　浙江大学图书馆

07658　**续资治通鉴纲目二十七卷**　（明）商辂等撰　明成化十二年（1476）内府刻本　浙江图书馆

07659　**续资治通鉴纲目二十七卷**　（明）商辂等撰　明成化十二年（1476）内府刻本　浙江图书馆

07670　**新刊四明先生高明大字续资治通鉴节要二十卷**　（明）刘剡撰　（明）蔡亨嘉校正　明嘉靖叶氏翠轩刻本　浙江大学图书馆

07679　**重刊通鉴集要二十八卷通鉴总论一卷**　（明）诸燮辑　明嘉靖四十三年（1564）谭潜刻本　查燕绪题记　浙江图书馆

07694　**两汉纪六十卷**　明嘉靖二十七年（1548）黄姬水刻本（前汉纪卷一至三抄配，后汉纪卷二十五至三十抄配）　浙江大学图书馆

07703　**三朝北盟会编二百五十卷**　（宋）徐梦梓撰　明抄本　浙江图

书馆

存二百三十卷（一至十九、二十七至九十八、一百三至二百四十一）

07712 **大明太祖高皇帝实录不分卷** （明）胡广等纂修 明抄本 浙江图书馆

存洪武前、洪武元年正月至三月、三年五月至四年八月、九年正月至十年十二月

07718 **大明武宗毅皇帝实录一百九十七卷** （明）徐光祚、费宏等纂修 明抄本 浙江图书馆

存三十七卷（二至三、二十四至二十七、三十四至三十六、四十至四十二、四十六至四十八、八十七至八十九、一百十四至一百十六、一百二十至一百二十二、一百三十至一百三十二、一百五十一至一百五十七、一百七十三至一百七十五）

07722 **蜀鉴十卷** （宋）郭允蹈撰 明嘉靖三十四年（1555）刻本 浙江图书馆

07725 **三藩纪事本末四卷** （清）杨陆荣撰 清康熙刻本 叶蒸云批注 浙江省温岭市图书馆

07741 **战国策十卷** 明吴勉学刻本 余煌批点 沈复灿跋 李廷基题款 浙江图书馆

存五卷（一至三、六至七）

07748 **吴越春秋十卷** （后汉）赵晔撰 （元）徐天祐音注 **补注一卷** （元）徐天祐撰 明弘治十四年（1501）郑廷瑞、冯弋刻本 浙江图书馆

07762 **契丹国志二十七卷** （宋）叶隆礼撰 明抄本 宁波市天一阁博物馆

07767 **李侍郎使北录一卷** （明）李实撰 明抄本 浙江图书馆

07775 **辛巳越中荒纪一卷辛巳岁救荒小议一卷** （明）祁彪佳撰 明祁氏远山堂抄本 浙江图书馆

07777 **三垣笔记四卷补编一卷** （清）李清撰 清抄本 傅以礼校并跋 浙江图书馆

07786 **秦汉书疏十八卷** 明嘉靖三十七年（1558）吴国伦刻本 浙江大

学图书馆

07787 **秦汉书疏十八卷** 明嘉靖三十七年（1558）吴国伦刻本 浙江图书馆

07789 **秦汉书疏十八卷** 明隆庆六年（1572）刻本 浙江图书馆

07790 **秦汉书疏十八卷** 明隆庆六年（1572）刻本 浙江图书馆

07792 **大儒大奏议六卷** （明）邵宝辑 明嘉靖六年（1527）郭韶刻本 浙江图书馆

07793 **皇明名臣经济录五十三卷** （明）黄训辑 明嘉靖三十年（1551）汪云程刻本 浙江图书馆

07812 **南宫疏略八卷** （明）严嵩撰 明嘉靖刻本 浙江图书馆

07822 **高士传三卷** （晋）皇甫谧撰 （明）黄省曾颂 明嘉靖三十一年（1552）黄鲁曾刻汉唐三传本 浙江大学图书馆

07835 **从祀先贤事迹录二十四卷** （明）李廷宝撰 明嘉靖四十五年（1566）刻本 浙江图书馆

07838 **伊洛渊源录十四卷** （宋）朱熹撰 **续录六卷** （明）谢铎撰 明嘉靖八年（1529）高贲亨刻本 浙江图书馆

07842 **皇明名臣琬琰录二十四卷后集二十二卷** （明）徐纮辑 明抄本 浙江图书馆

07848 **闻见录不分卷** （清）顾自俊撰 稿本 浙江图书馆

07850 **吴中人物志十三卷** （明）张昶撰 明隆庆四年（1570）张凤翼、张燕翼刻本 浙江图书馆

07852 **乡先生录不分卷** （清）孙衣言撰 稿本 温州市图书馆

07856 **新安忠烈庙神纪实十五卷乾集一卷** （元）郑弘祖辑 明天顺四年至成化元年（1460—1465）汪仪凤刻本 浙江图书馆 存十二卷（四至十五）

07858 **鄂国金佗稡编二十八卷续编三十卷** （宋）岳珂辑 明嘉靖二十一年（1542）洪富刻三十七年（1558）黄日敬重修本 浙江图书馆

07861 **宋丞相崔清献公全录十卷** （宋）崔与之撰 （明）崔子璲辑 （明）崔晓增辑 明嘉靖三十二年（1553）刻本 浙江图书馆

07864 **历代名人年谱不分卷** （清）吴荣光撰 稿本 姜亮夫题识 浙江

大学图书馆

07865 紫阳文公先生年谱五卷 （明）李默 朱河重订 明嘉靖刻本
浙江图书馆

07866 阳明先生年谱三卷 （明）钱德洪撰 明嘉靖四十三年（1564）
周相、毛汝麒刻本 浙江图书馆

07875 雷州公日记不分卷 （清）宗圣垣撰 稿本 绍兴图书馆
存清乾隆五十六至五十八年、六十年，清嘉庆五年、十六年

07876 越岘山人日记不分卷 （清）宗稷辰撰 手稿本 浙江图书馆
存清道光六年至同治二年

07877 云将行录不分卷 （清）宗稷辰撰 手稿本 浙江图书馆
存清道光二十九年九月至十二月

07880 同治三年甲子京师日记一卷 （清）周寿昌撰 手稿本 何维朴、
李瑞奇跋 浙江图书馆
存清同治三年九月至十二月

07882 窳盦日札不分卷 （清）周星诒撰 手稿本 浙江图书馆
存清光绪二十一至二十二年

07887 吴氏家乘□□卷 明抄本 温州市图书馆
存一卷（三）

07890 向氏家乘十卷 （明）向洪上纂修 明嘉靖抄本 浙江图书馆
存八卷（一至二、四至七、九至十）

07891 汪氏渊源录十卷 （元）汪松寿纂修 明刻正德十三年（1518）
重修本 浙江图书馆

07910 皇明进士登科考十二卷 （明）俞宪辑 明嘉靖鹪鸣馆刻本 浙江
图书馆
存二卷（八至九）

07923 十七史详节二百七十三卷 （宋）吕祖谦辑 明嘉靖四十五年至
隆庆四年（1566—1570）陕西布政司刻本 浙江大学图书馆

07927 历代志略四卷 （明）唐珤辑 明嘉靖黄时刻本 浙江大学图书馆

08013 ［嘉靖］宁波府志四十二卷 （明）周希哲、张时彻纂修 明嘉
靖刻本 浙江大学图书馆

08014 ［嘉靖］宁波府志四十二卷 （明）周希哲、张时彻纂修 明嘉

靖刻本　浙江图书馆

08026　［嘉靖］惠州府志十六卷　（明）姚良弼、杨载鸣纂修　明嘉靖刻蓝印本　宁波市天一阁博物馆

08028　［嘉靖］兴宁县志四卷　（明）黄国奎、盛继纂修　明嘉靖刻蓝印本　宁波市天一阁博物馆

08035　皇明九边考十卷　（明）魏焕撰　明嘉靖四十五年（1566）魏时用刻本　浙江图书馆

08042　泰山志四卷　（明）汪子卿撰　明嘉靖二十三年（1544）项守礼刻本　浙江图书馆

08044　庐山纪事十二卷　（明）桑乔撰　明嘉靖刻本　浙江图书馆

08059　震泽编八卷　（明）蔡升撰　（明）王鏊重修　明弘治十八年（1505）林世远刻本　浙江大学图书馆

08084　使东日录一卷　（明）董越撰　明正德九年（1514）刻本　宁波市天一阁博物馆

08101　文献通考三百四十八卷　（元）马端临撰　明正德十一至十四年（1516—1519）刘洪慎独斋刻本　浙江大学图书馆

08125　礼仪定式一卷　（明）李原名等撰　明嘉靖二十四年（1545）徽藩刻本　宁波市天一阁博物馆

08132　盐政志十卷　（明）朱廷立等撰　明嘉靖刻本　浙江图书馆

08172　宣和集古印史八卷　（明）来行学辑　明万历二十四年（1596）来氏宝印斋刻钤印本　西泠印社

08174　集古印范十卷　（明）潘云杰辑　明万历三十五年（1607）刻钤印本　西泠印社

08178　史通二十卷　（唐）刘知几撰　明嘉靖十四年（1535）陆深刻本　浙江大学图书馆

08182　小学史断二卷　（宋）南宫靖一撰　续一卷　（明）晏彦文撰　资治通鉴总要通论一卷　（元）潘荣撰　明嘉靖二十六年（1547）赵瀛刻本（有抄配）　温州市图书馆

08186　唐宋名贤历代确论一百卷　明弘治十七年（1504）钱孟濬刻本　浙江图书馆

08192　五子书八卷　（明）欧阳清编　明嘉靖二十三年（1544）欧阳清

刻本　浙江省瑞安市文物馆

08207　孔子家语十卷　题（魏）王肃注　明崇祯毛氏汲古阁刻本　孙诒让
校并跋　浙江大学图书馆

08221　盐铁论十二卷　（汉）桓宽撰　（明）张之象注　明嘉靖三十三
年（1554）张氏猗兰堂刻本　浙江图书馆

08222　盐铁论十二卷　（汉）桓宽撰　（明）张之象注　明嘉靖三十三
年（1554）张氏猗兰堂刻本　温州市图书馆

08234　刘向说苑二十卷　（汉）刘向撰　明初刻本　王端履跋　宁波市
天一阁博物馆
存五卷（一至五）

08251　二程全书六十五卷　（宋）程颢、程颐撰　明弘治十一年（1498）
陈宣刻本　浙江图书馆

08265　文公先生经世大训十六卷　（明）余祐辑　明嘉靖元年（1522）
河南按察司刻本　浙江大学图书馆

08330　扬子折衷六卷　（明）湛若水撰　明嘉靖葛涧刻本　浙江图书馆

08333　性理诸家解三十四卷　（明）杨维聪辑　明嘉靖十五年（1536）
杨维聪、高叔嗣等刻本　浙江图书馆
存二十九卷（五至三十二、三十四）

08340　孙子集注十三卷　（汉）曹操　（唐）杜牧等撰　明嘉靖三十四
年（1555）谈恺刻本　浙江图书馆

08344　百战奇法□卷　明嘉靖七年（1528）李诏德刻本　浙江图书馆
存二卷（一至二）

08359　折韩一卷　（清）王棻撰　稿本　浙江图书馆

08360　疑狱集十卷　（五代）和凝、和㟅撰　（明）张景增辑　明嘉靖
十四年（1535）李崧祥刻本　浙江大学图书馆

08365　石山医案八种三十二卷　（明）汪机撰　明嘉靖刻崇祯祁门朴墅
增刻印本　浙江省中医药研究院

08371　新刊补注释文黄帝内经素问十二卷　（唐）王冰注　（宋）林亿
等校正　（宋）孙兆改误　新刊黄帝内经灵枢十二卷黄帝内经素
问遗篇一卷　新刊素问入式运气论奥三卷　素问运气图括定局立
成一卷　黄帝内经素问灵枢运气音释补遗一卷　明嘉靖四年

（1525）山东布政使司刻本　浙江图书馆

08389 圣济经解义十卷　（宋）吴禔撰　明嗣雅堂抄本　浙江图书馆
存一卷（一）

08401 苏沈良方十卷　（宋）苏轼、沈括撰　清乾隆五十八年（1793）
鲍廷博抄本　嘉兴市图书馆

08407 产孕集二卷　（清）张曜孙撰　稿本　绍兴图书馆

08409 全幼心鉴八卷　（明）寇平撰　明嘉靖二十六年（1547）张玶刻本
浙江图书馆
存六卷（一至六）

08412 仁端录杂症四卷　（清）徐谦撰　（清）张祖、张之校正　清雍
正十一年（1733）海盐彭孙通松桂堂抄本　嘉兴市图书馆

08414 人体经穴脏腑图一卷　清彩绘本　浙江图书馆

08420 乾象坤图格镜十八卷　（清）王宏翰撰　稿本　浙江大学图书馆

08423 闰八月考三卷　（清）王锡祺辑　稿本　浙江图书馆

08426 太玄经十卷　（汉）扬雄撰　（晋）范望解赞　**说玄一卷**
（唐）王涯撰　**释文一卷**　明嘉靖三年（1524）郝梁刻本（说玄
配清抄本）　莫友芝校并跋　浙江图书馆

08427 太玄经十卷　（汉）扬雄撰　（晋）范望解赞　**说玄一卷**
（唐）王涯撰　**释文一卷**　明嘉靖孙沐万玉堂刻本　浙江大学
图书馆

08428 太玄经十卷　（汉）扬雄撰　（晋）范望解赞　**说玄一卷**
（唐）王涯撰　**释文一卷**　明嘉靖孙沐万玉堂刻本　惠栋批校
翁同龢抄补缺叶　浙江图书馆
存十卷（太玄经全）

08441 六壬集要四卷　明抄本　浙江图书馆

08445 梁嶰杂记不分卷　（清）梁嶰撰　稿本　浙江图书馆

08467 印隽四卷　（明）梁袤篆刻并辑　明万历三十八年（1610）钤印
本　浙江图书馆

08469 印法参同四十二卷　（明）徐上达辑　明万历四十二年（1614）
钤印本　西泠印社

08471 承清馆印谱初集一卷续集一卷　（明）张灏辑　明刻钤印本　傅以

礼跋　杨浚题款　浙江图书馆

08472 **苏氏印略三卷**　（明）苏宣篆刻并辑　明万历四十五年（1617）
钤印本　西泠印社

08474 **姓苑印章二卷**　（明）江万全辑　明崇祯二年（1629）钤印本
西泠印社

08488 **菊谱一卷**　（清）吴升撰　稿本　张宗祥跋　浙江图书馆

08489 **重刊订正秋虫谱二卷**　题（宋）贾似道撰　明嘉靖刻本　宁波市
天一阁博物馆

08492 **墨子閒诂十五卷**　（清）孙诒让撰　稿本　浙江省瑞安市文物馆
存一卷（十）

08513 **兰舫笔记一卷**　（清）常辉撰　稿本　浙江大学图书馆

08519 **野客丛书三十卷附录野老记闻一卷**　（宋）王楙撰　明嘉靖四十
一年（1562）王毂祥刻本　杭州图书馆

08522 **丹铅总录二十七卷**　（明）杨慎撰　明嘉靖三十三年（1554）梁
佐刻蓝印本　杭州图书馆

08529 **养吉斋丛录二十六卷余录十卷**　（清）吴振棫撰　稿本　浙江图
书馆

08540 **何氏语林三十卷**　（明）何良俊撰　明嘉靖二十九年（1550）何
氏清森阁刻本　杭州图书馆

08549 **平津笔记八卷**　（清）洪颐煊撰　稿本　浙江图书馆

08561 **百家类纂四十卷**　（明）沈津辑　明隆庆元年（1567）含山县儒
学刻本　浙江图书馆

08566 **樵叟备忘杂识五卷**　（清）来集之撰　稿本　杭州图书馆

08581 **初学记三十卷**　（唐）徐坚等辑　明嘉靖十三年（1534）晋府虚
益堂刻本　浙江省义乌市图书馆

08596 **群书考索前集六十六卷后集六十五卷续集五十六卷别集二十五卷**
（宋）章如愚辑　明正德三至十三年（1508—1518）刘洪慎独书
斋刻十六年（1521）重修本　浙江大学图书馆

08624 **三余别集不分卷**　（明）游日章撰　明嘉靖四十一年（1562）刻本
浙江大学图书馆

08641 **说郛一百卷**　（明）陶宗仪编　明抄本　浙江省瑞安市文物馆

存五十二卷（九至十、十六至十九、二十三至三十、三十三至三十七、三十九至四十四、五十、五十二至五十三、五十五至六十一、六十三至六十六、七十至七十二、七十九至八十二、八十八至九十、九十二至九十四）

08658 **楚辞章句十七卷** （汉）王逸撰 **疑字直音补一卷** 明万历十四年（1586）冯绍祖观妙斋刻本 彭孙遹批校并跋 宁波市天一阁博物馆

08662 **楚辞集注八卷辩证二卷后语六卷** （宋）朱熹撰 **反离骚一卷** （汉）扬雄撰 明嘉靖十四年（1535）袁褧刻本 浙江大学图书馆

08691 **类笺唐王右丞诗集十卷** （唐）王维撰 （明）顾起经注 **文集四卷集外编一卷** （唐）王维撰 （明）顾起经辑 **年谱一卷** （明）顾起经撰 **唐诸家同咏集一卷赠题集一卷历朝诸家评王右丞诗画钞一卷** （明）顾起经辑 明嘉靖三十五年（1556）顾氏奇字斋刻本 浙江大学图书馆

08741 **昼上人集十卷** （唐）释皎然撰 明冯舒家抄本 冯舒校并跋 宁波市天一阁博物馆

08747 **唐陆宣公集二十四卷** （唐）陆贽撰 明嘉靖二十七年（1548）沈伯咸西清书舍刻本 浙江省瑞安市文物馆

08752 **唐李元宾文集三卷** （唐）李观撰 明抄本 浙江图书馆

08754 **朱文公校昌黎先生文集四十卷外集十卷遗文一卷** （唐）韩愈撰 （宋）朱熹考异 （宋）王伯大音释 **传一卷** 明正统十三年（1448）书林王宗玉刻本 浙江图书馆

08755 **朱文公校昌黎先生文集四十卷外集十卷遗文一卷** （唐）韩愈撰 （宋）朱熹考异 （宋）王伯大音释 **传一卷** 明正统十三年（1448）书林王宗玉刻本 浙江省瑞安市文物馆

08758 **朱文公校昌黎先生文集四十卷外集十卷遗文一卷** （唐）韩愈撰 （宋）朱熹考异 （宋）王伯大音释 **传一卷** 明嘉靖十三年（1534）安正书堂刻本 浙江图书馆

08762 **昌黎先生集四十卷外集十卷遗文一卷** （唐）韩愈撰 （宋）廖莹中校正 **朱子校昌黎先生集传一卷** 明徐氏东雅堂刻本 方成珪批校并跋兼录何焯、陈少章、王星斋等批校 浙江省瑞安市文

物馆

08767 昌黎先生诗集注十一卷 （清）顾嗣立删补 **年谱一卷** 清康熙
三十八年（1699）顾氏秀野草堂刻本 张问陶批校 浙江图书馆

08772 河东先生集四十五卷外集二卷龙城录二卷 （唐）柳宗元撰
（宋）廖莹中校正 **附录二卷传一卷** 明郭云鹏济美堂刻本
浙江图书馆

08773 河东先生集四十五卷外集二卷龙城录二卷 （唐）柳宗元撰
（宋）廖莹中校正 **附录二卷传一卷** 明郭云鹏济美堂刻本
浙江图书馆

08774 河东先生集四十五卷外集二卷龙城录二卷 （唐）柳宗元撰
（宋）廖莹中校正 **附录二卷传一卷** 明郭云鹏济美堂刻本
浙江图书馆

08775 河东先生集四十五卷外集二卷龙城录二卷 （唐）柳宗元撰
（宋）廖莹中校正 **附录二卷传一卷** 明郭云鹏济美堂刻本
浙江省义乌市图书馆

08790 京本校正音释唐柳先生集四十三卷别集一卷外集一卷 （唐）
柳宗元撰 （宋）童宗说注释 （宋）张敦颐音辩 （宋）潘
纬音义 **附录一卷** 明刻本 浙江图书馆

08792 刘宾客文集三十卷补遗一卷 （唐）刘禹锡撰 明抄本 浙江
图书馆

08795 孟东野诗集十卷 （唐）孟郊撰 明弘治十二年（1499）杨一清、
于睿刻本 浙江图书馆

08803 白氏文集七十一卷 （唐）白居易撰 明嘉靖十七年（1538）伍
忠光龙池草堂刻本 浙江图书馆

08812 唐皮日休文薮十卷 （唐）皮日休撰 明正德十五年（1520）袁
表刻本 浙江图书馆

08817 河东柳仲涂先生文集十五卷 （宋）柳开撰 清初抄本［四库底
本］ 浙江图书馆
存十卷（一至十）

08823 武溪集二十一卷 （宋）余靖撰 明嘉靖四十五年（1566）刘稳
刻本 浙江大学图书馆

08825 镡津文集二十二卷 （宋）释契嵩撰 明弘治十二年（1499）释
如卺刻本 浙江图书馆
存十六卷（七至二十二）

08827 司马文正公集略三十一卷诗集七卷 （宋）司马光撰 明嘉靖
十八年（1539）俞文峰刻本 浙江大学图书馆

08829 赵清献公文集十卷 （宋）赵抃撰 **附录一卷** 明嘉靖四十一年
（1562）汪旦刻本 浙江大学图书馆

08832 南丰先生元丰类稿五十卷 （宋）曾巩撰 **续附一卷** 明隆庆
五年（1571）邵廉刻本 浙江图书馆

08833 南丰先生元丰类稿五十一卷 （宋）曾巩撰 明成化八年（1472）
南丰县刻递修本 浙江图书馆

08835 南丰先生元丰类稿五十一卷 （宋）曾巩撰 明嘉靖四十一年
（1562）黄希宪刻本 浙江大学图书馆

08843 居士集五十卷 （宋）欧阳修撰 （明）曾鲁考异 明洪武六年
（1373）永丰县学刻嘉靖二十四年（1545）重修本 浙江图书馆

08846 欧阳文忠公集一百五十三卷 （宋）欧阳修撰 **年谱一卷** （宋）胡
柯撰 **附录六卷** 明正德七年（1512）刘乔刻嘉靖十六年（1537）
季本、詹治重修三十九年（1560）何迁递修本 浙江图书馆
存一百五十九卷（欧阳文忠公集全、附录全）

08847 欧阳文忠公全集一百三十五卷 （宋）欧阳修撰 明嘉靖三十四
年（1555）陈珊刻本 浙江图书馆

08851 欧阳先生文粹二十卷 （宋）欧阳修撰 （宋）陈亮辑 **遗粹十卷**
（宋）欧阳修撰 （明）郭云鹏辑 明嘉靖二十六年（1547）郭
云鹏宝善堂刻本 浙江大学图书馆

08856 范忠宣公文集二十卷 （宋）范纯仁撰 明嘉靖范惟元等刻本
浙江图书馆

08861 苏文忠公全集一百十一卷 （宋）苏轼撰 **年谱一卷** （宋）
王宗稷撰 **东坡先生墓志铭一卷** 明嘉靖十三年（1534）江西布
政司刻本 浙江大学图书馆

08863 苏文忠公全集一百十一卷 （宋）苏轼撰 **年谱一卷** （宋）
王宗稷撰 **东坡先生墓志铭一卷** 明嘉靖十三年（1534）江西布

政司刻公文纸印本　浙江图书馆

存二十六卷（东坡外制集三卷、东坡应诏集十卷、东坡续集二
至十二卷、年谱、墓志铭）

08879　豫章黄先生文集三十卷外集十四卷别集二十卷简尺二卷词一卷
（宋）黄庭坚撰　**伐檀集二卷**　（宋）黄庶撰　**山谷先生年谱
三十卷**　（宋）黄𪾢撰　明弘治叶天爵刻嘉靖六年（1527）乔迁、
余载仕重修本　浙江图书馆

08880　豫章黄先生文集三十卷外集十四卷别集二十卷简尺二卷词一卷
（宋）黄庭坚撰　**伐檀集二卷**　（宋）黄庶撰　**山谷先生年谱
三十卷**　（宋）黄𪾢撰　明弘治叶天爵刻嘉靖六年（1527）乔迁、
余载仕重修本　浙江大学图书馆

08881　山谷内集诗注二十卷　（宋）黄庭坚撰　（宋）任渊注　**山谷
外集诗注十七卷**　（宋）黄庭坚撰　（宋）史容注　**山谷别集
诗注二卷**　（宋）黄庭坚撰　（宋）史季温注　明弘治九年（1496）
陈沛刻本　浙江图书馆

存三十七卷（内集诗注全，外集诗注全）

08886　后山诗注十二卷　（宋）陈师道撰　（宋）任渊注　明嘉靖十年
（1531）辽藩朱宠瀼梅南书屋刻本　浙江大学图书馆

08896　浮溪文粹十五卷　（宋）汪藻撰　**附录一卷**　明正德元年（1506）
马金刻本　浙江图书馆

08898　韦斋集十二卷　（宋）朱松撰　**玉澜集一卷**　（宋）朱槔撰　明
弘治十六年（1503）邝璠刻本　浙江图书馆

08900　屏山集二十卷　（宋）刘子翚撰　明弘治十七年（1504）刻本
浙江图书馆

08904　和静先生文集三卷　（宋）尹焞撰　**附录一卷**　明隆庆三年
（1569）蔡国熙刻本　浙江图书馆

08913　艾轩先生文集十卷　（宋）林光朝撰　明正德十六年（1521）郑
岳刻本　浙江图书馆

08915　朱子大全一百卷目录二卷续集十卷别集十卷　（宋）朱熹撰　明
天顺四年（1460）贺沈、胡缉刻本（目录卷上配清抄本）　浙江
图书馆

存一百九卷（目录全，一至二十二、二十四至三十一、三十七至六十四、七十二至一百，续集全，别集全）

08918 晦庵文抄十卷 （宋）朱熹撰 （明）吴讷、崔铣辑 明嘉靖十九年（1540）张光祖刻本 浙江大学图书馆

08924 止斋先生文集五十二卷 （宋）陈傅良撰 附录一卷 明正德元年（1506）林长繁刻本 浙江省瑞安市文物馆

08928 梅溪先生廷试策一卷奏议四卷文集二十卷后集二十九卷 （宋）王十朋撰 附录一卷 明正统五年（1440）刘谦、何濂刻天顺六年（1462）重修本 浙江图书馆

08929 梅溪先生廷试策一卷奏议四卷文集二十卷后集二十九卷 （宋）王十朋撰 附录一卷 明正统五年（1440）刘谦、何濂刻天顺六年（1462）重修本 浙江图书馆

08930 宋王忠文公集五十卷 （宋）王十朋撰 清雍正七年（1729）唐传鉎刻本 孙衣言校跋 温州市图书馆
存二十九卷（一至十九、三十至三十六、四十四至四十六）

08934 象山先生全集三十六卷 （宋）陆九渊撰 附录少湖徐先生学则辩一卷 （明）徐阶撰 明嘉靖四十年（1561）何迁刻本 浙江图书馆

08941 渭南文集五十二卷 （宋）陆游撰 明正德八年（1513）梁乔刻本 浙江图书馆

08944 程端明公洺水集二十六卷首一卷 （宋）程珌撰 明嘉靖三十五年（1556）程元晭刻本（卷十八至二十六抄配） 浙江大学图书馆

08946 陈同甫集三十卷 （宋）陈亮撰 清寿经堂活字印本 浙江图书馆

08949 梅亭先生四六标准四十卷 （宋）李刘撰 明范氏卧云山房抄本 浙江图书馆
存十卷（一至十）

08952 秋崖先生小稿四十五卷又三十八卷 （宋）方岳撰 明嘉靖五年（1526）方谦刻本 浙江大学图书馆

08962 文山先生全集二十卷 （宋）文天祥撰 明嘉靖三十九年（1560）

张元谕刻本　浙江图书馆

08964 **新刊重订叠山谢先生文集二卷**　（宋）谢枋得撰　明嘉靖三十四年（1555）林光祖刻本　浙江大学图书馆

08965 **鲁斋王文宪公文集二十卷**　（宋）王柏撰　明正统刻本　浙江图书馆

存四卷（九至十、十三至十四）

08999 **不系舟渔集十五卷**　（元）陈高撰　**附录一卷**　清抄本　孙锵鸣、孙衣言、孙诒让校　温州市图书馆

09010 **高皇帝御制文集二十卷**　（明）太祖朱元璋撰　明嘉靖十四年（1535）徐九皋、王惟贤刻本　浙江大学图书馆

09015 **新刊宋学士全集三十三卷**　（明）宋濂撰　明嘉靖三十年（1551）韩叔阳刻本　浙江大学图书馆

09035 **缶鸣集十二卷**　（明）高启撰　明刻本　浙江大学图书馆

09042 **黄文简公介庵集十二卷**　（明）黄淮撰　清抄本　孙诒让校　浙江省瑞安市文物馆

存十一卷（一至六、八至十二）

09043 **逊志斋集三十卷拾遗十卷**　（明）方孝孺撰　**附录一卷**　明成化十六年（1480）郭绅刻本　浙江省瑞安市文物馆

09070 **谢文庄公集六卷**　（明）谢一夔撰　明嘉靖四十一年（1562）谢廷杰刻本　浙江大学图书馆

09079 **枫山章先生文集九卷**　（明）章懋撰　明嘉靖九年（1530）张大纶刻本　浙江大学图书馆

09082 **枫山章先生文集四卷实纪一卷**　（明）章懋撰　明嘉靖二十一年（1542）虞守愚刻本　浙江大学图书馆

存四卷（文集一至四）

09093 **马东田漫稿六卷**　（明）马中锡撰　（明）孙绪评　明嘉靖十七年（1538）文三畏刻本　浙江大学图书馆

09095 **郁洲遗稿十卷**　（明）梁储撰　明回天阁刻本　浙江大学图书馆

09115 **祝氏集略三十卷**　（明）祝允明撰　明嘉靖三十六年（1557）张景贤刻本　浙江大学图书馆

09131 **碧溪赋二卷**　（明）欧阳云撰　明嘉靖二十六年（1547）陈德文

刻本　宁波市天一阁博物馆

09132　**括庵先生诗集一卷**　（明）钱瓒撰　明隆庆三年（1569）钱龙溟
刻本　宁波市天一阁博物馆

09134　**水南集十七卷**　（明）陈霆撰　明嘉靖四十三年（1564）陈翀刻本
浙江大学图书馆

09135　**何氏集二十六卷**　（明）何景明撰　明嘉靖沈氏野竹斋刻本
浙江大学图书馆

09136　**何氏集二十六卷**　（明）何景明撰　明嘉靖沈氏野竹斋刻本
杭州图书馆

09142　**大复集三十七卷**　（明）何景明撰　**附录一卷**　明嘉靖三十四年
（1555）袁璨刻本　浙江省瑞安市文物馆

09149　**崔氏洹词十七卷附录四卷**　（明）崔铣撰　明嘉靖三十三年
（1554）周镐等刻本　浙江大学图书馆

09153　**钤山诗选七卷**　（明）严嵩撰　（明）杨慎辑　明嘉靖刻本
浙江大学图书馆

09154　**钤山诗选七卷**　（明）严嵩撰　（明）杨慎辑　明嘉靖刻本
杭州图书馆

09157　**俨山文集一百卷目录二卷外集四十卷续集十卷**　（明）陆深撰
明嘉靖二十五年（1546）、三十年（1551）陆楫刻本　浙江大学
图书馆
存一百二卷（文集全、目录全）

09159　**庄渠先生遗书十六卷**　（明）魏校撰　明嘉靖四十年（1561）王
道行、张焯刻本　浙江大学图书馆

09161　**张文定公文选三十九卷**　（明）张邦奇撰　明嘉靖二十九年
（1550）张时彻刻本　浙江大学图书馆

09175　**薛西原集二卷**　（明）薛蕙撰　明嘉靖十四年（1535）李宗枢刻
本　浙江大学图书馆

09176　**嵩渚文集一百卷目录二卷**　（明）李濂撰　明嘉靖刻本　浙江
大学图书馆

09179　**张南湖先生诗集四卷**　（明）张綖撰　**附录一卷**　明嘉靖三十二
年（1553）张守中刻本　浙江大学图书馆

存二卷（一至二）

09182 崔东洲集二十卷续集十一卷 （明）崔桐撰 明嘉靖二十九年（1550）曹金刻续集三十四年（1555）周希哲刻本 浙江大学图书馆

09183 梦泽集十七卷 （明）王廷陈撰 明嘉靖四十一年（1562）王廷瞻刻本 浙江大学图书馆

09187 桂洲诗集二十四卷 （明）夏言撰 明嘉靖二十五年（1546）曹忭、杨九泽刻本 绍兴图书馆

存二十一卷（一至二、六至二十四）

09188 龙湖先生文集十四卷 （明）张治撰 明嘉靖刻本 浙江大学图书馆

存十一卷（三至十三）

09194 练溪集四卷 （明）凌震撰 明嘉靖三十年（1551）凌约言刻本 浙江大学图书馆

09202 芝园定集五十一卷 （明）张时彻撰 明嘉靖刻本 浙江大学图书馆

09204 珠玉遗稿二卷 （明）李循义撰 （明）田汝成注 **附录二卷** 明万历九年（1581）刻本 宁波市天一阁博物馆

09205 袁永之集二十卷 （明）袁褧撰 明嘉靖二十六年（1547）袁尊尼刻后印本 浙江大学图书馆

09211 念庵罗先生集十三卷 （明）罗洪先撰 明嘉靖四十二年（1563）刘玠刻本 浙江大学图书馆

09220 琏川诗集八卷 （明）施峻撰 明嘉靖三十八年（1559）刻本 浙江大学图书馆

09222 鹤泉集不分卷 （明）王健撰 明鹤泉书舍抄本 浙江省瑞安市文物馆

09223 二谷山人集二十四卷缑山侯氏谱二卷 （明）侯一元撰 明嘉靖刻本 浙江大学图书馆

09235 樵云诗集一卷 （明）朱拱桯撰 明嘉靖刻蓝印本 宁波市天一阁博物馆

09237 天池山人小稿五卷 （明）陆采撰 明刻本 宁波市天一阁博

物馆

09254 **馼雪斋集一卷** （明）张可大撰　明刻本　宁波市天一阁博物馆

09272 **小青焚余稿一卷** 题（明）冯小青撰　**小青传一卷** 题（明）盏盏居士撰　明崇祯四年（1631）黄来鹤抄本　宁波市天一阁博物馆

09314 **御制诗初集四十四卷目录四卷** （清）高宗弘历撰　清乾隆十四年（1749）内府刻本　杭州图书馆

09341 **健修堂诗录二十二卷** （清）边浴礼撰　清抄本　曾国藩批注绍兴图书馆
存五卷（六至十）

09344 **孙琴西文稿一卷** （清）孙衣言撰　稿本　浙江省瑞安市文物馆

09345 **孙琴西娱老词稿一卷** （清）孙衣言撰　稿本　浙江省瑞安市文物馆

09346 **春在堂杂诗一卷** （清）俞樾撰　稿本　孙锵鸣跋　浙江省瑞安市文物馆

09351 **六朝诗集五十五卷** 明嘉靖刻本　浙江图书馆

09356 **盛唐四名家集二十四卷** 明凌濛初刻朱墨套印本　浙江图书馆

09359 **唐人集□□种□□卷** 明铜活字印本　浙江大学图书馆
存三十八种一百十七卷

09361 **李杜全集八十三卷** （明）鲍松编　明正德八年（1513）自刻本　丁耀亢跋　浙江大学图书馆

09367 **文选六十卷** （南朝梁）萧统辑　（唐）李善注　明嘉靖元年（1522）汪谅刻本　浙江图书馆

09372 **选诗补注八卷** （元）刘履撰　**补遗二卷续编四卷** （元）刘履辑　明嘉靖三十一年（1552）顾存仁养吾堂刻本　浙江大学图书馆

09380 **玉台新咏十卷** （南朝陈）徐陵辑　**续五卷** （明）郑玄抚辑　明嘉靖十九年（1540）郑玄抚刻本　浙江图书馆

09384 **古乐府十卷** （元）左克明辑　明嘉靖二十九年（1550）杨巍刻本　浙江图书馆

09411 **古赋辩体十卷** （元）祝尧辑　明嘉靖十一年（1532）熊爵刻本　浙江图书馆

09412 **古赋辨体十卷** （元）祝尧辑　明嘉靖十六年（1537）顾可久等刻本　王存善跋　浙江图书馆

09426 **西山先生真文忠公文章正宗二十四卷续二十卷** （宋）真德秀辑明嘉靖四十三年（1564）蒋氏家塾刻本　浙江图书馆

09427 **真文忠公续文章正宗二十卷** （宋）真德秀辑　明嘉靖二十一年（1542）晋藩刻本　张廷济跋　浙江大学图书馆

09437 **古文精粹十卷** 明成化十一年（1475）刻本　浙江图书馆

09445 **续古文会编五卷** （明）钱璠辑　明东湖书院活字印本　宁波市天一阁博物馆

09446 **古文类选十六卷** （明）王三省辑　明嘉靖十五年（1536）相州清慎堂刻本　浙江大学图书馆

09454 **文则四卷** （明）张云路辑　明嘉靖三十四年（1555）自刻本浙江大学图书馆

09478 **唐诗绝句类选四卷总评一卷人物一卷** （明）敖英、凌云辑　明凌云刻三色套印本　浙江大学图书馆

09515 **国朝诗选五卷附录一卷** （清）吴翌凤辑　稿本　嘉兴市图书馆

09518 **太仓文略四卷** （明）陆之裘辑　明嘉靖二十二年（1543）王梦祥刻本　浙江大学图书馆

09522 **中州名贤文表三十卷** （明）刘昌辑　明成化刻本　宁波市天一阁博物馆
存二十六卷（一至九、十一至二十、二十四至三十）

09526 **赤城诗集六卷** （明）谢铎、黄孔照辑　明成化十八年（1482）建阳书坊刻本　宁波市天一阁博物馆

09543 **西江诗法一卷** （明）朱权撰　明嘉靖十一年（1532）朱觐錬刻本宁波市天一阁博物馆

第四批
（47 部）

09949 **资治通鉴外纪十卷目录五卷** （宋）刘恕撰　元延祐刻明修本

宁波市天一阁博物馆

存十三卷（一至十、目录一至三）

10025 **相台五经附考证九十六卷** （元）岳浚辑　清乾隆四十八年
（1783）武英殿刻本　周广业校并跋　浙江图书馆

10031 **周易传义十卷** （宋）程颐、朱熹撰　**上下篇义一卷** （宋）程
颐撰　**易图集录一卷易五赞一卷筮仪一卷** （宋）朱熹撰　**易说
纲领一卷** （宋）程颐、朱熹撰　明前期刻本　华希闵跋　宁
波市天一阁博物馆

10042 **易窥不分卷** （明）程玉润撰　明抄本　宁波市天一阁博物馆

10046 **周易乾凿度殷术一卷** （清）孙诒让撰　稿本　浙江大学图书馆

10055 **诗经大全二十卷纲领一卷图一卷** （明）胡广等辑　**诗序辨说一卷**
（宋）朱熹撰　明嘉靖元年（1522）建宁书户刘辉刻本　浙江图
书馆

10058 **诗经纂一卷** （清）邵晋涵撰　稿本　宁波市天一阁博物馆

10081 **大戴礼记补注十三卷序录一卷** （清）孔广森撰　清同治十三年
（1874）淮南书局刻本　孙诒让校跋并录王念孙、王引之、丁杰、
严元照、赵钺等校　浙江大学图书馆

10082 **大戴礼记斠补三卷** （清）孙诒让撰　稿本　浙江大学图书馆

10083 **夏小正正义不分卷** （清）王筠撰　稿本　浙江大学图书馆

10096 **精选东莱先生博议句解十六卷** （宋）吕祖谦撰　（宋）张成招
注　明前期刻本　宁波市天一阁博物馆

存八卷（九至十六）

10101 **春秋胡传三十卷** （宋）胡安国撰　（宋）林尧叟音注　明慎
独斋刻本　宁波市天一阁博物馆

10118 **孝经一卷** 明黄道周抄本　黄道周题识　顾莼、罗嘉杰、郑孝胥、
吴昌硕跋　西泠印社

10120 **孟子章指一卷** （汉）赵岐撰　（清）周广业校注　稿本　宁波
市天一阁博物馆

10130 **宋太学石经考一卷附鲁斋先生武林金石录校跋一卷** （清）罗以
智撰　稿本　浙江大学图书馆

10135 **群经音辨七卷** （宋）贾昌朝撰　清抄本　周广业校并跋　宁波

市天一阁博物馆

10139 **仓颉篇校证三卷补遗一卷** （清）孙星衍辑 （清）梁章钜重编
稿本 宁波市天一阁博物馆

10140 **仓颉篇校证三卷补遗一卷** （清）孙星衍辑 （清）梁章钜重
编
稿本 宁波市天一阁博物馆

10156 **集韵十卷** （宋）丁度等撰 清康熙四十五年（1706）曹寅扬州
使院刻嘉庆十九年（1814）重修本 方成珪校 浙江大学图书馆

10186 **南疆绎史勘本三十卷首二卷摭遗十八卷恤谥考八卷** （清）温睿
临撰 （清）李瑶勘定 清道光十年（1830）泥活字印本 绍兴
图书馆

10201 **大事记续编七十七卷** （明）王祎撰 明成化二十年（1484）陆
渊之刻本 浙江图书馆

10204 **世史正纲三十二卷** （明）丘濬撰 明弘治三年（1490）刻本
宁波市天一阁博物馆

10224 **逸周书十卷** （晋）孔晁注 清乾隆五十一年（1786）卢文弨刻
抱经堂丛书本 孙诒让批校 浙江大学图书馆

10225 **逸周书集训校释十卷逸文一卷** （清）朱右曾撰 清光绪三年
（1877）崇文书局刻本 孙诒让校 浙江大学图书馆

10233 **越绝书十五卷** （汉）袁康撰 明刻本 孙诒让校 浙江大学
图书馆

10288 **［明代乡试录］二百七十三种** 宁波市天一阁博物馆

10300 **［正德］姑苏志六十卷** （明）林世远、王鏊等纂修 明正德元年
（1506）刻嘉靖增修本 宁波市天一阁博物馆

10309 **［万历］温州府志十八卷** （明）汤日昭、王光蕴纂修 明万历
刻本 温州市图书馆

10358 **集古印谱十卷** （明）范汝桐辑 明万历二十八年（1600）卧云
山房刻钤印本 蒋学镛、方介堪、叶丰、沙文若跋 西泠印社

10460 **诗余画谱不分卷** 明万历四十年（1612）汪□刻本 绍兴图书馆

10465 **印章法不分卷** （明）潘茂弘撰 明崇祯八年（1635）刻朱墨印本
西泠印社

10476 淮南鸿烈解二十一卷 （汉）刘安撰 （汉）高诱注 明万历
八年（1580）茅一桂刻本 孙诒让批校 浙江省瑞安市文物馆

10494 群贤要语二卷 （明）李佑辑 明隆庆五年（1571）刻后印本
宁波市天一阁博物馆

10551 百川学海一百种一百七十九卷 （宋）左圭编 明弘治十四年
（1501）华珵刻本（有抄配） 浙江大学图书馆

10585 杜工部全集六十六卷目录六卷 （唐）杜甫撰 （明）刘世教辑
年谱一卷 （宋）黄鹤撰 明万历四十年（1612）刻合刻分体李
杜全集本 吕留良批 吕葆中跋 浙江大学图书馆

10596 李长吉昌谷集句解定本四卷 （唐）李贺撰 （清）姚佺笺
（清）陈悰 丘象随辩注 清初丘象随西轩刻梅村书屋印本 何
焯批并跋 浙江大学图书馆

10659 龙洲道人集十卷 （宋）刘过撰 清知不足斋抄本 鲍廷博校
并跋 罗振常跋 浙江大学图书馆

10661 白石道人歌曲六卷别集一卷 （宋）姜夔撰 清小玲珑山馆抄本
厉鹗、袁克文、罗振常跋 浙江大学图书馆

10724 沈兰轩集五卷 （明）沈彬撰 明万历刻武康四先生集本 杭州
图书馆

10728 杨文懿公文集三十卷 （明）杨守陈撰 明弘治十二年（1499）
杨茂仁刻本 浙江图书馆

10829 淮南集六卷 （明）马斯臧撰 明万历四十年（1612）刻本 宁
波市天一阁博物馆

10840 倘湖遗稿不分卷 （明）来集之撰 稿本 杭州图书馆
存八册（三至七、九至十一）

10868 丁隐君手迹遗稿 （清）丁敬撰 手稿本 西泠印社

10876 太鹤山馆初稿一卷 （清）端木国瑚撰 稿本 周星诒跋 浙江
省瑞安市文物馆

10916 文章轨范七卷 （宋）谢枋得辑 明刘氏刻本 杭州图书馆

10921 历代文选十四卷 （明）凌云翼辑 明嘉靖四十年（1561）温州
官刻本 温州市图书馆
存十二卷（一至二、四、六至十四）

10984 琵琶记四卷 （元）高明撰 **附录一卷** 明凌濛初刻朱墨套印本
浙江图书馆

第五批
（118 部）

11395 金刚般若波罗蜜经 （后秦）释鸠摩罗什译 唐写本 释昙昉
题记 浙江图书馆

11451 西山先生真文忠公读书记甲集三十七卷 （宋）真德秀撰 宋福
州学官刻元明递修本 浙江图书馆

11455 新编排韵增广事类氏族大全十集 元刻本 邵瑞彭跋 浙江图
书馆
存三集（甲、乙、丙）

11478 童溪王先生易传三十卷 （宋）王宗传撰 明抄本 宁波市天
一阁博物馆

11480 易郑氏爻辰广义一卷易经传互卦卮言一卷易章句异同一卷
（清）朱骏声撰 稿本 浙江图书馆

11483 砚北易钞不分卷 （清）黄叔琳辑 清初抄本 翁方纲签注 文
素松、王礼培跋 姜亮夫题款 浙江图书馆

11484 学易札记三卷 （清）朱骏声撰 稿本 朱师辙跋 浙江图书馆

11485 易释不分卷 （清）黄以周撰 稿本 宁波市天一阁博物馆

11486 郑易小学一卷 （清）陶方琦撰 稿本 浙江图书馆

11489 书经集注十卷 （宋）蔡沈撰 明刻本 浙江图书馆

11507 五礼异义不分卷 （清）黄以周撰 稿本 宁波市天一阁博物馆

11517 孟子四考四卷 （清）周广业撰 稿本 宁波市天一阁博物馆

11521 泉斋简端录十二卷 （明）邵宝撰 明秦榛刻本 浙江图书馆

11543 金石韵府五卷 （明）朱云撰 明朱墨抄本 浙江图书馆

11556 校刊史记集解索隐正义札记五卷 （清）张文虎撰 稿本 浙江
图书馆

11563 班史艺文志一卷 （汉）班固撰 明嘉靖三十年（1551）许初抄本

万台题首 李兆洛、杨大中题款 方来等二十四人跋 浙江图书馆

11569 隋经籍志考证十三卷 （清）章宗源撰 清抄本 孙诒让校跋 傅以礼校 李济锵跋 浙江图书馆

11574 明史地理志稿不分卷 （清）万斯同撰 清万氏家抄本 冯贞群跋 浙江图书馆

11591 国榷不分卷 （清）谈迁撰 清康熙抄本 佚名校 浙江图书馆

11613 永乐圣政记三卷 （明）张辅撰 明抄本 宁波市天一阁博物馆 存二卷（二至三）

11615 南渡录五卷 （清）李清撰 清抄本 傅以礼题款并跋 附周星诒手札 浙江图书馆

11628 刘东山招由一卷 明嘉靖十七年（1538）刻本 宁波市天一阁博物馆

11629 浙江海防兵粮疏一卷 明嘉靖刻本 宁波市天一阁博物馆

11630 张简肃公奏议三卷 （明）张敷华撰 明抄本 宁波市天一阁博物馆

11633 三史统三十六卷 （明）屠本畯撰 明屠氏霞爽阁抄本 浙江图书馆

11638 明女史八卷 （清）万言撰 稿本 佚名批校 浙江图书馆

11640 蛟川耆旧传不分卷 （清）姚燮撰 手稿本 浙江图书馆

11642 诰授奉直大夫都察院湖广道监察御史何公墓碑铭一卷何母陈宜人荣寿序一卷 （清）毛奇龄撰 稿本 沈秉钰题签并题款 浙江图书馆

11643 越州西山以揆道禅师塔志铭一卷 （清）毛奇龄撰 稿本 浙江图书馆

11645 祁忠敏公日记十五卷（明崇祯四年至南明弘光元年） （明）祁彪佳撰 清祁氏远山堂抄本 浙江图书馆

11647 日谱不分卷（清嘉庆二十年至同治四年） （清）管庭芬撰 稿本 浙江图书馆

11649 休宁率口程氏本宗谱十卷 （明）程曾纂修 明正德六年（1511）刻本 浙江图书馆

存五卷（六至十）

11658 ［嘉靖］广平府志十六卷　（明）翁相、陈棐纂修　明嘉靖二十九年（1550）刻蓝印本　宁波市天一阁博物馆

11661 ［弘治］上海志八卷　（明）郭经、唐锦纂修　明弘治刻本　宁波市天一阁博物馆

11663 ［嘉靖］莱芜县志八卷　（明）陈甘雨纂修　明嘉靖二十七年（1548）刻蓝印本　宁波市天一阁博物馆

11664 ［嘉靖］仪封县志不分卷　明抄本　宁波市天一阁博物馆

11665 ［正德］新乡县志六卷　（明）储珊、李锦纂修　明抄本　宁波市天一阁博物馆

11666 ［弘治］偃师县志四卷　（明）魏津纂修　明抄本　宁波市天一阁博物馆

11669 ［嘉靖］归州志二卷　（明）王锡、张时纂修　明嘉靖刻蓝印本　宁波市天一阁博物馆

11671 ［嘉靖］惠安县志十三卷　（明）莫尚简、张岳纂修　明嘉靖刻蓝印本　宁波市天一阁博物馆

11671 ［嘉靖］长泰县志六卷　明抄本　宁波市天一阁博物馆

11673 ［嘉靖］仁化县志五卷　（明）胡居安纂修　明抄本　宁波市天一阁博物馆

11679 武林旧事六卷　（宋）周密撰　明正德十三年（1518）宋廷佐刻本　方毅跋　浙江图书馆

11680 城东杂录二卷　（清）厉鹗撰　清乾隆抄本　卢文弨校跋　浙江图书馆

11685 萧山三江闸议一卷　（清）毛奇龄撰　手稿本　浙江图书馆

11690 学政录一卷　（明）朱衡撰　明嘉靖三十年（1551）兴化府刻本　宁波市天一阁博物馆

11691 国子监通志十卷　（明）邢让撰　明成化三年（1467）刻本　宁波市天一阁博物馆

存九卷（一至五、七至十）

11694 明谥考四卷　（清）傅以礼撰　稿本　余绍宋跋　浙江图书馆

11696 江西赋役纪十五卷　明刻本　宁波市天一阁博物馆

存十卷（二至六、十一至十五）

11697 漕运议单不分卷　明抄本　宁波市天一阁博物馆

11699 军政一卷　明嘉靖二十六年（1547）刻本　宁波市天一阁博物馆

11700 兵部武选司条例不分卷　明抄本　宁波市天一阁博物馆

11701 嘉靖新例不分卷　明抄本　宁波市天一阁博物馆

11702 西都杂例一卷　明抄本　宁波市天一阁博物馆

11704 船政不分卷　明嘉靖刻本　宁波市天一阁博物馆

11705 崇文总目六十六卷　明抄本　宁波市天一阁博物馆
　　　　存六十五卷（卷三原缺）

11710 集古印谱一卷　（明）顾从德辑　明隆庆钤印本　巢胜题签并跋
　　　　浙江图书馆

11711 史通会要三卷　（明）陆深撰　明天启四年（1624）万泰抄本
　　　　万泰、万学诗跋　浙江图书馆

11714 新书十卷　（汉）贾谊撰　明正德九年（1514）陆相刻本　陆心
　　　　源跋并录杨节跋　浙江图书馆

11719 申鉴五卷　（汉）荀悦撰　（明）黄省曾注　明正德十四年（1519）
　　　　黄氏文始堂刻嘉靖重修本　马一浮题记并跋　浙江图书馆

11727 克敌武略荧惑神机十卷　明抄本　浙江图书馆

11733 丹溪心法附余二十四卷首一卷　（明）方广辑　明嘉靖十五年
　　　　（1536）姚文清、陈讲刻公文纸印本　浙江图书馆

11736 魁本袖珍方大全四卷　（明）李恒撰　明嘉靖十八年（1539）熊
　　　　氏种德书堂刻本　浙江图书馆

11739 明医杂著一卷续一卷　（明）王纶撰　明弘治十五年（1502）刻本
　　　　浙江图书馆

11740 医论问答一卷医论一卷　（明）王纶撰　明嘉靖刻本　浙江图
　　　　书馆

11741 重校宋窦太师疮疡经验全书十二卷　（宋）窦默撰　（明）窦
　　　　梦龄增辑　明隆庆三年（1569）三衢大西堂刻本　浙江图书馆

11743 便产须知二卷　明嘉靖三十九年（1560）张景贤刻本　浙江图书馆

11760 古今印选二卷续一卷　（明）吴可贺辑　明万历刻钤印本　浙江
　　　　图书馆

11761 丛珠馆印谱二卷 （明）曹一鲲篆刻 明万历刻钤印本 浙江图书馆

11762 承清馆印谱初集一卷续集一卷 （明）张灏辑 明刻钤印本 西泠印社

11765 学山堂印谱八卷学山记一卷学山纪游一卷学山题咏一卷 （明）张灏辑 明崇祯刻钤印本 浙江图书馆

11797 便于搜检四卷 明衡藩刻本 王存善跋 浙江图书馆

11798 博物志十卷 题（晋）张华撰 （宋）周日用等注 明刻本 陈鳣跋 浙江图书馆

11809 策场备览一百七十三卷 （明）唐周辑 明抄本 浙江图书馆

11823 天主实义二卷 （意大利）利玛窦述 明万历三十五年（1607）新都汪汝淳燕贻堂刻天启印本 刘墉跋 浙江图书馆

11863 王黄州小畜集三十卷 （宋）王禹偁撰 明抄本 张宗祥批校并跋 浙江图书馆

11890 梅亭先生四六标准四十卷 （宋）李刘撰 明范氏卧云山房抄本 浙江图书馆
存十卷（一至十）

11940 偲庵诗集十卷文集十卷 （明）杨旦撰 明嘉靖三十九年（1560）杨襄刻本 浙江图书馆

11945 熊士选集一卷 （明）熊卓撰 明嘉靖二十二年（1543）范钦刻本 宁波市天一阁博物馆

11950 东桥集诗二十三卷文十九卷词一卷 （明）顾璘撰 明抄本 浙江图书馆

11956 新刊精选阳明先生文粹六卷 （明）王守仁撰 （明）查铎辑 明嘉靖四十五年（1566）唐龙泉刻本 宁波市天一阁博物馆

11960 钤山堂集四十卷 （明）严嵩撰 **附录一卷** 明嘉靖刻本 宁波市天一阁博物馆

11963 甘泉湛子古诗选五卷 （明）湛若水撰 （明）谢锡命等辑 明嘉靖三十一年（1552）自刻本 浙江图书馆

11965 徐迪功集六卷谈艺录一卷 （明）徐祯卿撰 明嘉靖二十九年（1550）姑苏袁氏刻本 浙江图书馆

11968 端溪先生集八卷 （明）王崇庆撰 明嘉靖三十一年（1552）张蕴刻本 宁波市天一阁博物馆

11973 梓溪文集五卷 （明）舒芬撰 明嘉靖三十年（1551）张希举刻本 浙江图书馆

11977 王遵岩家居集七卷 （明）王慎中撰 明嘉靖三十一年（1552）句吴书院刻本 杨泰亨跋 宁波市天一阁博物馆

11979 少泉诗集十卷 （明）王格撰 明嘉靖刻本 浙江图书馆

11982 孙文恪公集二十卷 （明）孙陞撰 明嘉靖袁洪愈、徐栻刻本 浙江图书馆

11984 高光州诗选二卷 （明）高应冕撰 （明）茅坤辑 明嘉靖刻本 浙江图书馆

11989 客建集四卷 （明）刘凤撰 明嘉靖刻补修本 浙江图书馆

11993 卯洞集四卷 （明）徐珊撰 明嘉靖二十四年（1545）刻本 浙江图书馆

11995 扫余之余三卷 （明）刘锡玄撰 明刻本［四库底本］ 浙江图书馆

11996 祁忠敏稿五卷 （明）祁彪佳撰 稿本 祁允题签并跋 浙江图书馆

11997 吴忠节公遗集四卷 （明）吴麟徵撰 南明弘光刻本 浙江图书馆

11999 明徐勿斋自书赠倪鸿宝诗一卷 （明）徐汧撰 手稿本 王宗炎、余绍宋跋 金梁引首 浙江图书馆

12005 尺牍一卷湖上草一卷 （清）柳是撰 明汪然明刻本 赵宗建题签并题记 徐枏、惠兆壬跋 林云凤、王国维题诗 王仁偶题诗并跋 浙江图书馆

12008 梧园诗文集不分卷 （清）吴农祥撰 稿本 丁丙、吴庆坻跋 浙江图书馆

12009 壬申纪游一卷 （清）查慎行撰 手稿本 浙江图书馆

12012 全韵梅花诗一卷 （清）杭世骏撰 稿本 浙江图书馆

12014 癸卯入闱记一卷附书画诗梦石研屏歌 （清）翁方纲撰 手稿本 李平书题签 佚名题签并跋 浙江图书馆

12017 龙庄先生诗稿不分卷　（清）汪辉祖撰　稿本　王晸昌跋　浙江
图书馆

12020 新坡土风一卷　（清）陈鳣撰　稿本　宁波市天一阁博物馆

12023 诗问稿一卷　（清）姚燮撰　稿本　傅濂题签批校　叶廷枚跋
浙江图书馆

12028 唐人集□□种□□卷　明铜活字印本　宁波市天一阁博物馆
存三十三种一百十七卷

12042 会心集不分卷　（清）管应祥辑　稿本　管庭芬跋　浙江图书馆

12046 松陵集十卷　（唐）皮日休、陆龟蒙撰　明弘治十五年（1502）
刘济民刻本　蔡鸿鉴题签并题记　浙江图书馆

12055 明诗综一百卷　（清）朱彝尊辑　清康熙刻本　吴骞跋　杭州
图书馆

12057 半山亭诗集不分卷　（明）丁镃辑　明弘治元年（1488）刻本
浙江图书馆

12058 续甬上耆旧诗不分卷　（清）全祖望辑　稿本　冯贞群跋　浙江
图书馆

12059 续甬上耆旧诗不分卷　（清）全祖望辑　清全氏双韭山房抄本
冯贞群跋　浙江图书馆

12060 江干杂咏不分卷　（清）丁丙辑　稿本　吴士镐题记　浙江图
书馆

12065 晦庵先生诗话一卷　（宋）朱熹撰　（明）沈爌辑　明抄本
宁波市天一阁博物馆

12076 疏影楼词二卷　（清）姚燮撰　稿本　姚儒侠跋　宁波市天一
阁博物馆

12085 复庄今乐府选□□种□□卷总目一卷　（清）姚燮编　稿本
姚燮批校并跋　姚小复批跋　张宗祥批校并跋　浙江图书馆
存二百五十五种四百二十六卷

12086 复庄今乐府选□□种□□卷总目一卷附录二卷　（清）姚燮编
稿本（总目一卷为光绪三十年冯辰元抄配）　无我相居士、□
文山农跋　姚燮批校　宁波市天一阁博物馆
存一百四十一种二百三十二卷

12095 新镌歌林拾翠六卷　（明）吴炳选辑　明崇祯刻本　浙江图书馆

12101 红楼梦一百二十回（程乙本）　（清）曹霑撰　（清）高鹗增订　清乾隆五十七年（1792）萃文书屋活字印本　陈其泰批校并跋　杭州图书馆

附件6：第一至三批《浙江省珍贵古籍名录》

第一批
（228部）

00001 石斋先生经传九种五十六卷 （明）黄道周撰 清康熙三十二年（1693）郑肇刻本 浙江图书馆

00002 易经旁训三卷 （元）李恕撰 明万历二十三年（1595）郑汝璧、田畴等刻五经旁训本 清翁方纲圈点 清徐同柏跋 海宁市图书馆

00003 平湖柯春塘先生易说三十九卷 （清）柯汝霖撰 稿本 金兆蕃跋 浙江图书馆

00004 易释不分卷 （清）黄以周撰 稿本 宁波市天一阁博物馆

00005 胡氏禹贡锥指勘补十二卷 （清）姚燮撰 手稿本 佚名校 宁波市天一阁博物馆

00006 周礼二十卷 （明）陈深批点 明凌杜若刻朱墨套印本 杭州图书馆

00007 注释古周礼五卷考工记一卷 （明）郎兆玉撰 明天启郎氏堂策槛刻本 平湖市图书馆

00008 五礼异义不分卷 （清）黄以周撰 稿本 宁波市天一阁博物馆

00009 律吕图说二卷 （清）王建常撰 清康熙王弘撰待庵刻本 清姚景夔题款 浙江图书馆

00010 古乐书二卷 （清）应㧑谦撰 稿本 清方芸苏批校 清朱剑芝题签 宁波市天一阁博物馆

00011 论语后案二十卷 （清）黄式三撰 清道光二十四年（1844）鲁岐峰活字印本 陈汉章批校 浙江图书馆

00012 孟子二卷 题（宋）苏洵批点 明万历四十五年（1617）吴兴闵齐伋刻三色套印本 佚名题签 杭州图书馆

00013 孟子四考四卷 （清）周广业撰 稿本 宁波市天一阁博物馆

00014 四书翼注论文三十八卷 （清）张甄陶撰 清乾隆五十二年（1787）浙湖竹下书堂刻本 平湖市图书馆

00015 说经札记十卷 （明）蔡汝楠撰 明天启三年（1623）蔡武刻本 浙江图书馆

00016 松源经说四卷 （清）孙之骣撰 清乾隆三十一年（1766）春草园刻本 孙毓修跋 浙江图书馆

00017 五雅四十一卷 （明）郎奎金编 明天启六年（1626）郎氏堂策槛刻本 浙江图书馆

00018 说文经字录三卷 （清）李宗莲撰 稿本 浙江图书馆

00019 六书故三十三卷六书通释一卷 （元）戴侗撰 明毛氏汲古阁影元抄本 温州市图书馆

00020 谐声品字笺九卷 （清）虞咸熙撰 （清）虞德升续撰 （清）虞嗣集补注 清康熙十六年（1677）陆颃、陆颢刻二十三年（1684）虞嗣集增刻本 浙江图书馆

00021 钟鼎字源五卷附录一卷 （清）汪立名撰 清康熙五十五年（1716）汪立名一隅草堂刻本 浙江图书馆

00022 六书通六卷 （明）闵齐伋撰 （清）毕弘述篆订 清康熙五十九年（1720）基闻堂刻本 浙江图书馆

00023 仓颉篇校证三卷补遗一卷 （清）孙星衍原辑 （清）梁章钜重编 稿本 宁波市天一阁博物馆

00024 仓颉篇校证三卷补遗一卷 （清）梁章钜撰 稿本 宁波市天一阁博物馆

00025 古今韵会举要小补三十卷 （明）方日升撰 明万历三十四年（1606）周士显建阳刻本 温州市图书馆

00026 元音统韵二十八卷 （明）陈荩谟撰 清康熙五十三年（1714）范廷瑚刻本 浙江图书馆

00027 杜韩诗句集韵三卷 （清）汪文柏撰 清康熙四十六年（1707）古香楼刻本 平湖市图书馆

00028 音均部略不分卷诗音谱略不分卷 （清）黄式三撰 稿本 清杨文莹跋 宁波市天一阁博物馆

00029 释名四卷 （汉）刘熙撰 明刻广汉魏丛书本 清诸可宝校并跋

浙江图书馆

00030 **輶轩使者绝代语释别国方言十三卷** （汉）扬雄撰 （晋）郭璞
注 清嘉庆六年（1801）樊廷绪刻本 清陶方琦校 浙江图书馆

00031 **后汉书九十卷** （南朝梁）范晔撰 （唐）李贤注 **志三十卷**
（晋）司马彪撰 （南朝梁）刘昭注 明崇祯十六年（1643）毛
氏汲古阁刻十七史本 清孙衣言校点 温州市图书馆
存八十四卷（一至三、十至九十）

00032 **国榷不分卷** （清）谈迁撰 清初抄本 佚名校 浙江图书馆

00033 **明年表一卷附明辩亡论** （清）王棻撰 清抄本 佚名批校
台州市黄岩区图书馆

00034 **鲍氏国策十卷** （宋）鲍彪校注 明嘉靖七年（1528）龚雷影宋
刻本 佚名批校 余姚市文物保护管理所

00035 **战国策十二卷** （明）闵齐伋裁注 **今本目录一卷** 明万历
四十八年闵齐伋刻本 平湖市图书馆

00036 **鲁之春秋二十四卷首一卷** （清）李聿求撰 清咸丰刻本（卷首、
卷一、二配写样稿本及抄本） **校勘记二卷** 朱希祖、徐益之撰
稿本 朱希祖、李开福跋 佚名批校 浙江图书馆

00037 **洋烟考述八卷** （清）姚燮撰 稿本 宁波市天一阁博物馆

00038 **越绝书十五卷** （汉）袁康撰 明嘉靖三十三年（1554）张佳胤
双柏堂刻本 湖州市图书馆

00039 **史抄不分卷** （清）傅以礼撰 稿本 绍兴图书馆

00040 **唐荆川批选史记十二卷批选汉书四卷** （明）唐顺之辑 明天
启三年（1623）沈琇卿刻本 浙江图书馆

00041 **宋史阐幽二卷** （明）许浩撰 明崇祯元年（1628）许锵刻本（四
库进呈本） 杭州图书馆

00042 **胜国传略不分卷** （清）沈冰壶撰 **本朝诸公传不分卷** 清施
溶抄本 清施山题跋 绍兴图书馆

00043 **有明于越三不朽名贤图赞不分卷** （清）张岱撰 清光绪十四年
（1888）山阴陈锦刻本 清杨越校跋并录清李慈铭校 浙江图书馆

00044 **黄氏续录五卷首一卷** （清）黄百家撰 （清）黄炳垕辑 清康
熙四十二年（1703）刻本 余姚市文物保护管理所

00045 浦江郑氏旌义编二卷 （明）郑涛纂修 （明）郑楷重修 明万历三十一年（1603）郑氏刻本 浙江图书馆

00046 董氏家谱十二卷 （明）董廷献纂修 明万历四十八年（1620）刻清康熙嘉庆增修本 嘉兴市图书馆

00047 ［浙江龙泉］刘氏家谱不分卷 明崇祯抄本 云和县图书馆

00048 ［浙江景宁］叶氏宗谱不分卷 清康熙四十二年（1703）抄本 云和县图书馆

00049 孙氏世系表一卷 （清）孙锵鸣撰 稿本 温州市图书馆

00050 温州氏族韵编不分卷 （清）孙锵鸣撰 稿本 温州市图书馆

00051 圣门志考略二卷熙朝盛事一卷历代幸临阙里致祭考一卷 （清）沈德淐撰 临雍纪事一卷 （明）南居仁撰 清康熙二十四年（1685）衢州刻本 浙江图书馆

00052 宋元学案一百卷首一卷备览不分卷 （清）黄宗羲辑 （清）全祖望订补 （清）冯云濠、王梓材校正 清道光抄本 清盛炳校 清王梓材批校 浙江图书馆

00053 儒林宗派十六卷 （清）万斯同撰 清王梓材醉经书屋抄本 孙峻跋 宁波市图书馆

00054 黄梨洲先生宋元学案元孙穉圭校补稿五十五卷 （清）黄璋撰 清乾隆稿本 余姚市文物保护管理所

00055 新镌增补宋岳鄂武穆王精忠汇编十四卷 （明）高应科辑 明崇祯元年（1628）刻本 温州市图书馆

00056 先人老屋记一卷 （清）丁立诚辑 稿本 杭州图书馆

00057 一笑录一卷 （清）王钦豫撰 稿本 温州市图书馆

00058 赐研斋日记不分卷 （清）戴熙撰 手稿本 浙江图书馆
存清道光二十五年至二十六年

00059 止庵日记不分卷 （清）孙锵鸣撰 手稿本 温州市图书馆
存清同治元年七月至闰八月、二年正月至三月

00060 卧虎山人日记不分卷 （清）王棻撰 手稿本 台州市黄岩区图书馆
存清光绪十五年正月元旦至二十五年九月晦日

00061 三国会要不分卷 （清）钱仪吉撰 稿本 嘉兴市图书馆

存礼、凶、礼器、兵、刑

00062 **司马氏书仪十卷** （宋）司马光撰　清雍正二年（1724）汪郊刻
朱印本　湖州师范学院图书馆

00063 **救荒全书十六卷** （明）祁彪佳撰　清沈复粲鸣野山房抄本　绍
兴图书馆
存十一卷（一至六、十二至十六）

00064 **皇舆统志十四卷** （清）钱沾撰　稿本　清翁同龢跋　浙江图
书馆

00065 **新塍琐志十四卷首一卷** （清）郑凤锵撰　郑文谦增补　清同
治稿本　嘉兴市图书馆

00066 **[正德]嘉善县志六卷** （明）倪玑纂修　清抄本　佚名录清毕
星灿跋、文水长发堂主人题记　嘉兴市图书馆

00067 **[天启]吴兴备志三十二卷** （明）董斯张撰　清康熙四十八年
（1709）董朝柱抄本　清董熤跋　吴昌绶校　浙江图书馆

00068 **[同治]象山县志二十四卷末一卷** （清）黄丙堃、马嗣澄等纂修
清抄本　张美翊跋　宁波市图书馆

00069 **[万历]会稽县志十六卷** （明）杨维新、张元汴等纂修　明万
历三年（1575）刻本　清恋书子批跋　绍兴图书馆

00070 **[乾隆]余姚志四十卷** （清）唐若瀛纂修　清乾隆四十六年
（1781）刻本　余姚市文物保护管理所

00071 **景定严州续志十卷** （宋）郑瑶、方仁荣纂修　清抄本　清朱
澄校　浙江图书馆

00072 **[万历]续修严州府志二十四卷** （明）杨守仁、徐楚纂修（明）
吕昌期、俞炳然续修　明万历六年（1578）刻四十一年（1613）
续修清顺治六年（1649）补刻本　浙江图书馆

00073 **卞里志六卷** （明）吕兆祥撰　明崇祯二年（1629）吕圣符刻本
浙江图书馆

00074 **武林梵志十二卷记略一卷** （明）吴之鲸撰　明万历刻本　浙江
图书馆

00075 **杭州进京水程里次一卷** （清）宗圣垣撰　清乾隆三十九年
（1774）稿本　清宗稷辰题跋　浙江图书馆

00076 龙井见闻录十卷附宋僧元净外传二卷　（清）汪孟锎撰　稿本
杭州图书馆
存六卷（三至六、外传全）

00077 西吴枝乘　（明）谢肇淛撰　明万历三十六年（1608）自刻本
浙江图书馆

00078 绍兴风俗志十二卷补遗二卷　（清）金明全撰　稿本　杭州图
书馆

00079 行水金鉴一百七十五卷首一卷　（清）溥泽洪撰　清雍正三年
（1725）淮扬官舍刻本　胡步川批校并跋　临海市图书馆

00080 全谢山七校水经注四十卷附录一卷　（北魏）郦道元撰　（清）
全祖望校　后乐园时课一卷　（清）王梓材撰　清道光二十九
年（1849）王梓材抄本　杨泰亨题签并题记　浙江图书馆

00081 西湖赋一卷　（清）柴绍炳撰　西湖赋笺一卷　（清）柴杰撰
清乾隆三十九年（1774）仁和柴氏洽礼堂刻本　浙江图书馆

00082 浙江省地图附说明不分卷　（清）佚名绘　清彩绘绢本　浙江
图书馆

00083 竹崦庵金石目录六卷　（清）赵魏撰　清抄本　清汪大钧批校
并跋　吴庆坻校　吴士鉴批　浙江图书馆

00084 金石综例四卷　（清）冯登府撰　金石例补二卷　（清）郭麐撰
清光绪七至八年（1881—1882）吴仰贤抄本　清吴仰贤批校、题
款并跋　浙江图书馆

00085 钱谱不分卷　（清）许鼏穌撰　稿本　浙江图书馆

00086 金薤琳琅二十卷　（明）都穆撰　补遗一卷　（清）宋振誉撰
清乾隆四十三年（1778）汪荻洲刻本　平湖市图书馆

00087 国山碑考一卷　（清）吴骞撰　清魏锡曾抄本　清魏锡曾跋并录
清翁方纲校　清罗以智校　沈倬章跋　潜庵署签并题记　佚名
批　浙江图书馆

00088 汇刻历代史志凡例一卷　清姚氏咫进斋抄本　王修跋　浙江图
书馆

00089 钦颁文澜阁四库全书书目清册四卷古今图书集成书目清册一卷
（清）吴恒聚等编　清嘉庆二十五年（1820）稿本　浙江图书馆

00090 **两浙地志录一卷** （清）周广业撰　清种松书塾钞本　佚名增批、校
浙江图书馆

00091 **重编汲古阁刊书目录二卷** （明）毛晋撰　（清）姚振宗编　清
姚氏快阁师石山房抄本　清陶方琦跋　清陶浚宣批校并跋　杭州
图书馆

00092 **纂图互注荀子二十卷** （唐）杨倞注　明初刻本　佚名圈点　平
湖市图书馆

00093 **董子二卷** （汉）董仲舒撰　（清）谭献集校　稿本　清陈寿
祺校　浙江图书馆
存一卷（上）

00094 **新吾先生呻吟语不分卷附明职一卷** （明）吕坤撰　（清）陈
世倌辑　清雍正六年（1728）刻本　余姚市文物保护管理所

00095 **潘子求仁录辑要十卷** （清）潘平格撰　清康熙五十六年（1717）
毛文强、郑性刻本　宁波市图书馆

00096 **老子道德经二卷** （晋）王弼注　清乾隆四十二年（1777）浙江
刻武英殿聚珍版书本　清丁晏批校并跋　佚名校　浙江图书馆

00097 **道德经二卷** （宋）苏辙注　（明）凌以栋批点　**老子考异一卷**
明刻朱墨套印本　杭州图书馆

00098 **南华真经十卷** （晋）郭象注　（唐）陆德明音义　清嘉庆姑
苏聚文堂刻本　清孙衣言批点　瑞安市文物馆

00099 **敬由编十二卷** （明）窦子偁撰　明万历三十九年（1611）浙江
按察司刻本　浙江图书馆

00100 **秘传花镜六卷** （清）陈淏子撰　清康熙金阊书业堂刻本　周树
人（鲁迅）批校　绍兴鲁迅纪念馆

00101 **虱小志六卷** （清）莫杕撰　清乾隆三十四年（1769）手稿本
绍兴图书馆

00102 **心印绀珠经二卷** （明）李汤卿撰　明嘉靖二十八年（1549）赵
瀛刻本　佚名批　杭州图书馆

00103 **医灯续焰二十一卷** （清）潘楫撰　清顺治潘氏陆地舟刻本　宁
波市图书馆

00104 **本草纲目五十二卷首一卷** （明）李时珍撰　清初刻本　余姚市

文物保护管理所

00105 **本草思辨录八卷** （清）周岩撰　稿本　绍兴图书馆

00106 **医方选要** （明）周文采辑　明嘉靖刻本　浙江省中医药研究院

00107 **血症全集要不分卷** （明）孙光裕辑　明末沈应辰刻本　绍兴图书馆

00108 **便产须知二卷** 明崇祯十四年（1641）会稽王万祚刻本　绍兴图书馆

00109 **调经法门一卷** （明）吕献策撰　明崇祯二年（1629）刻本　绍兴图书馆

00110 **医学纲目四十卷** （明）楼英撰　明嘉靖四十四年（1565）曹灼刻本　杭州图书馆

00111 **证治宝鉴二卷** （明）俞桥撰　明嘉靖刻本　瑞安市文物馆

00112 **吕氏春秋注补正一卷** （清）孙锵鸣撰　稿本　清孙械跋　温州市图书馆

00113 **淮南鸿烈解二十一卷** （汉）刘安撰　（汉）高诱注　明万历八年（1580）归安茅一桂刻本　清孙诒让批校　瑞安市文物馆

00114 **经锄堂杂志四卷** （宋）倪思撰　明万历二十八年（1600）潘大复刻本　瑞安市文物馆

00115 **窦子纪闻类编四卷** （明）窦文照撰　明万历八年（1580）刻本　平湖市图书馆

00116 **东观余论二卷** （宋）黄伯思撰　明万历十二年（1584）秀水项笃寿万卷堂刻本　清蔡鸿鉴跋　浙江图书馆

00117 **泺源问答十二卷** （清）沈可培撰　稿本　祝廷锡跋并校　嘉兴市图书馆

00118 **越缦堂笔记一卷** （清）李慈铭撰　手稿本　陈锡钧观款　陈训慈、冯孟颙跋　宁波市天一阁博物馆

00119 **芝园外集二十四卷** （明）张时彻撰　明嘉靖刻本（目录补配清山阴快阁姚氏师石山房抄本）　杭州图书馆

00120 **小柴桑喃喃录二卷** （明）陶奭龄撰　明崇祯八年（1635）李为芝刻本　绍兴图书馆

00121 **沈氏弋说六卷** （明）沈长卿撰　（明）黄可师等评　明万历

刻本　绍兴图书馆

00122　养拙轩笔记不分卷　（清）沈梓撰　稿本　嘉兴市图书馆

00123　谈资三卷　（明）秦鸣雷撰　明万历元年（1573）临海秦鸣雷刻本
清佚名批校　浙江图书馆

00124　樗庵日抄不分卷问古新编□□卷　（清）周天锡撰稿本　温州
市图书馆
存五卷（日抄全、问古新编七至十）

00125　世说通语四卷　（明）狄期进辑　明万历三十五年（1607）自刻本
嘉兴市图书馆

00126　快园道古二十卷　（清）张岱撰　清道光抄本　绍兴图书馆
存九卷（一至五、十二至十五）

00127　周年昏旦星象图一卷　（清）佚名绘　清朱墨绘本　祝廷锡跋并
题签　佚名题签　嘉兴市图书馆

00128　玉几山人书画涉记手稿不分卷　（清）陈撰撰　稿本　宁波市天
一阁博物馆

00129　沧海遗珠不分卷　（清）周师濂撰　稿本　绍兴图书馆

00130　稽山论书诗不分卷　（清）陶浚宣撰　稿本　绍兴图书馆

00131　淳化帖释文十卷　（明）黄道周撰　清嘉庆十年（1805）任以治
家抄本　清任以治批并跋　浙江图书馆

00132　范氏集古印谱十卷　（明）范汝桐辑　明万历二十五年（1597）
刻钤印本　西泠印社社务委员会

00133　学山堂印谱五卷　（明）张灏辑　明崇祯四年（1631）刻钤印本
西泠印社社务委员会

00134　飞鸿堂印谱四十卷　（清）汪启淑辑　清乾隆刻钤印本　西泠印
社社务委员会

00135　吴让之印存不分卷　（清）魏锡曾篆　清同治刻钤印本　西泠印
社社务委员会

00136　斗吊大全不分卷　（清）游艺生辑　清嘉庆十六年（1811）秀水
吴楷吟翠居抄本　清吴楷跋　浙江图书馆

00137　醉庵砚铭一卷枕湖楼藏砚铭一卷　王继香撰　稿本　清徐树铭
题签　浙江图书馆

00138 大佛顶如来密因修证了义诸菩萨万行首楞严经十卷 （唐）释般刺密帝、释弥伽释迦译 明凌毓枬刻朱墨套印本 杭州图书馆

00139 大方广圆觉修多罗了义经直解二卷 （唐）释佛陀多罗译（明）释德清解 清乾隆四十七年（1782）钱塘吴宝林杭州刻本余重耀批校并题签 浙江图书馆

00140 云门显圣寺散木禅师宗门或问一卷 （明）释圆澄撰 （明）陶望龄校正 （明）柳洌、朱嘉谟辑 明万历刻本 绍兴图书馆

00141 五灯会元二十卷 （宋）释普济撰 明成化十一年（1475）刻本杭州图书馆

00142 唐李长吉歌诗补注四卷外二卷复古堂旧本五卷年谱一卷附录九卷首一卷 （清）史荣撰 稿本 清陶燮、陈常、毛升、王奎跋 冯贞群跋并录清全祖望史雪汀墓版文 宁波市天一阁博物馆

00143 昌黎先生集四十卷外集十卷遗文一卷 （唐）韩愈撰 （宋）廖莹中校正 **朱子校昌黎先生集传一卷** 明徐氏东雅堂刻本 瑞安市文物馆

00144 柳文七卷 （唐）柳宗元撰 明刻朱墨套印本 浙江大学图书馆存四卷（一至四）

00145 林和靖诗集三卷 （宋）林逋撰 （清）陈梓辑 清乾隆十年（1745）深柳读书堂刻本 清管庭芬批校 海宁市图书馆

00146 文潞公文集四十卷 （宋）文彦博撰 明嘉靖五年（1526）王溱刻本 浙江大学图书馆

00147 王荆文公诗五十卷 （宋）王安石撰 （宋）李壁笺注 清乾隆五至六年（1740—1741）张宗松清绮斋刻本 宁波市图书馆

00148 苏文忠公策论选十二卷 （宋）苏轼撰 （明）茅坤、钟惺评明天启元年（1621）刻三色套印本 杭州图书馆

00149 刘给谏文集五卷 （宋）刘安上著 清抄本 清孙诒让批校 浙江大学图书馆

00150 刘左史集四卷 （宋）刘安节撰 清抄本 清孙衣言校并跋 清孙诒让校 浙江大学图书馆

00151 晦庵先生朱文公文集一百卷续集五卷别集七卷目录二卷 （宋）朱熹撰 清康熙二十七年（1688）蔡方炳、臧眉锡刻本 平湖市

图书馆

00152 **会稽三赋四卷**　（宋）王十朋撰　（明）南逢吉注　（明）尹
坛补注　明刻本　湖州师范学院图书馆

00153 **南轩先生诗集七卷**　（宋）张栻撰　（清）张鹏翮、张嘉桢等辑
清康熙三十三年（1694）武林张氏遥述堂刻本　嘉兴市图书馆

00154 **西湖百咏二卷**　（宋）董嗣杲撰　（明）陈贽和韵　清乾隆
四十五年（1780）罗山张廷枚宝墨斋刻本　浙江图书馆

00155 **月屋樵吟四卷**　（元）黄庚撰　清嘉庆十三年（1808）鲍氏知不
足斋抄本　清鲍廷博批校　清鲍正言题签　浙江图书馆

00156 **杨铁崖先生文集十一卷附铁笛清江引一卷**　（元）杨维桢撰　明
万历四十三年（1615）诸暨陈善学刻本　绍兴图书馆

00157 **屠长卿集十九卷**　（明）屠隆撰　明万历刻本　绍兴图书馆

00158 **歇庵集二十卷**　（明）陶望龄撰　**附录三卷**　明万历乔时敏刻本
绍兴图书馆

00159 **谑庵文饭小品五卷**　（明）王思任撰　清顺治十五年（1658）王
鼎起刻本　绍兴图书馆

00160 **倪文正公遗稿三卷**　（明）倪元璐撰　清康熙刻本　余姚市文物
保护管理所

00161 **祁忠敏公稿五种五卷**　（明）祁彪佳撰　手稿本　祁允题签并跋
浙江图书馆

00162 **钟山献四卷**　（明）杨宛撰　明天启七年（1627）茅元仪玄稿居
刻本　浙江图书馆

00163 **倘湖遗稿不分卷**　（明）来集之撰　倘湖小筑稿本　杭州图书馆

00164 **黄陶庵先生全集二十二卷**　（明）黄淳耀撰　清乾隆宝山学刻本
余姚市文物保护管理所

00165 **余忠节公遗文一卷附录一卷**　（明）余煌撰　徐维则辑　清光
绪二十五年（1899）稿本　绍兴图书馆

00166 **古调堂初集十二卷**　（清）马之骦撰　清顺治刻本　宁波市图
书馆

00167 **篱隐园删存诗七卷**　（清）汪浩然撰　（清）汪琬、余怀、濮
淙评　清康熙刻本　嘉兴市图书馆

00168 曝书亭诗榍三卷 （清）钱珏撰 清嘉庆元年（1796）钱廷烛抄本 清钱廷烛跋 嘉兴市图书馆

00169 鹤洲残稿诗一卷词一卷 （清）朱彝爵撰 清乾隆六年（1741）朱嵩龄修汲堂刻本 嘉兴市图书馆

00170 碧澜堂集七卷 （清）乔寅撰 清康熙写刻本 清汪士钟题签 浙江图书馆

00171 忆雪楼诗三卷参衡游草一卷并乡集一卷还庚集一卷少作偶存一卷 （清）王焕撰 清抄本 绍兴图书馆

00172 苇间诗集五卷 （清）姜宸英撰 清康熙五十二年（1713）唐执玉刻本 宁波市图书馆

00173 洛思山农骈枝集八卷 （清）沈堡撰 清抄本 绍兴图书馆

00174 菽畹集七卷 （清）毛远公撰 清康熙刻本 绍兴图书馆

00175 二树山人写梅歌不分卷 （清）童钰撰 （清）苏如滦评 清光绪二十三年（1897）周树人（鲁迅）抄本 绍兴鲁迅纪念馆

00176 兰陔诗集二卷 （清）周大业撰 清乾隆五十五年（1790）抄本 清周广业校并跋 海宁市图书馆

00177 九山类稿三卷诗文二卷近稿偶存一卷 （清）倪象占撰 稿本 宁波市天一阁博物馆

00178 蕉闲馆诗钞八卷 （清）唐谟撰 稿本 嘉兴市图书馆

00179 淳溪老屋自娱集二卷补遗七卷芷湘吟稿不分卷 （清）管庭芬撰 稿本（补遗配清管伟之抄本） 清管元耀跋 海宁市图书馆

00180 隐吾草堂诗稿二卷静寄斋诗稿一卷 （清）郭照撰 清光绪二十五至二十六年（1899—1900）郭似埙抄本 清郭似埙题记 清张鸣珂校 清吴受福题诗 嘉兴市图书馆

00181 柔桥初集二十卷续集十四卷诗集九卷 （清）王棻撰 稿本 杭州图书馆
存二十三卷（初集一至三、九至二十，续集一、二，诗集一至四、八、九）

00182 耘轩居士初稿十六卷 （清）王棻撰 清咸丰至光绪手稿本 台州市黄岩区图书馆
存十五卷（一、三至十六）

00183 **书瘾楼文稿不分卷** （清）胡德辉撰 稿本 余姚市文物保护
管理所

00184 **兀壶集一卷** （清）王石如撰 清康熙十五年（1676）手稿本
绍兴图书馆

00185 **惜阴书屋诗草不分卷** （清）罗继章撰 清乾隆稿本 余姚市
文物保护管理所

00186 **浣香山房吟草一卷** （清）董滋本撰 清同治元年（1862）会稽
董氏行余讲舍抄本 绍兴图书馆

00187 **寄盘诗稿不分卷** （清）陶在铭撰 稿本 绍兴图书馆

00188 **南山堂近草二卷** （清）祝定国撰 **松卿诗草一卷** （清）祝
出东撰 稿本 浙江图书馆

00189 **懒云楼诗草一卷** （清）释卟香撰 手稿本 杨哲庵、戚扬、
鲍亚白跋 李生翁跋并题签 袁天庚题诗 绍兴图书馆

00190 **拙怡堂文稿二卷** （清）马赓良撰 稿本 清施补华、陶浚宣
观款 清陶方琦观款并题签 绍兴图书馆

00191 **陶韦合集二十卷（存一种）** 明凌蒙初刻朱墨套印本 杭州图
书馆
存九卷

00192 **文选六十卷** （梁）萧统撰 （唐）李善注 清乾隆二十五年
（1760）珠树堂刻本 清董增儒过录何焯批校跋、汪由敦批校
清董增儒题记 郦承铨跋 浙江图书馆

00193 **重订文选集评十五卷首一卷末一卷** （清）于光华辑 清乾隆
四十六年（1781）鸳湖芸晖阁刻本 湖州市图书馆

00194 **翠娱阁评选文韵四卷** （明）钱塘陆云龙辑 明崇祯陆氏翠娱
阁刻本 佚名批、圈点并句读 浙江图书馆

00195 **唐十二家诗集四十九卷** 明刻本 刘祝群跋 温州市图书馆

00196 **韩柳合刻八卷** （明）陆梦龙编并评 明崇祯元年（1628）武林
顾懋樊刻本 浙江图书馆

00197 **峡川诗钞前集四卷正集十二卷外集四卷峡川词钞一卷** （清）
曹宗载辑 清东山楼抄本 清许仁杰批校并跋 浙江图书馆

00198 **魏塘诗存三十卷首一卷** （清）唐啸登辑 清光绪稿本 周梅

安跋　佚名跋　佚名编目录　浙江图书馆

存二十卷（首、一、二、五至七、九、十二至十四、十六、十八至二十、二十四、二十六至三十）

00199　续甬上耆旧诗七十九卷　（清）全祖望辑　清抄本　冯贞群跋佚名批校　浙江图书馆

00200　国朝姚江诗存十二卷　（清）张廷枚辑　清乾隆三十八年（1773）张氏宝墨斋刻本　余姚市文物保护管理所

00201　天台诗征内编六卷　（清）张廷琛辑　手稿本　清陈立树浮签校并跋　清许树明题签并跋　浙江图书馆

00202　金华诗录六十卷外集六卷别集四卷书后一卷　（清）黄彬、朱琰辑　清乾隆三十八年（1773）金华府学刻本　浙江图书馆

00203　国朝杭郡诗辑十六卷　（清）吴颢辑　清嘉庆五年（1800）钱塘吴氏守惇堂刻本　吴秉澄、张宗祥跋　浙江图书馆

00204　易庵蒲塘二翁诗稿二卷　（明）张谐辑　明万历八年（1580）张谐刻本　清许默庵跋　浙江图书馆

00205　黄氏攟残集不分卷附黄氏家录不分卷　（清）黄宗羲辑　清康熙四十一年（1702）黄炳抑抑堂刻本　佚名墨笔圈点　余姚市文物保护管理所

00206　乌石寺历朝题咏文集一卷　（清）释智通辑　清道光活字印本余绍宋跋　浙江图书馆

00207　诗苑雅谈三卷　（清）罗以智撰　稿本　浙江图书馆

00208　白石道人歌曲四卷别集一卷　（宋）姜夔撰　清乾隆八年（1743）陆锺辉刻白石道人四种本　郑文焯题签、题记并校　清张祥龄跋嘉兴市图书馆

00209　九曲渔庄词二卷　（清）沈涛撰　稿本　嘉兴市图书馆

00210　疏影楼词二卷　（清）姚燮撰　稿本　清叶元璧、冯登府、曹德馨观款　清姚燮题记　清周泰跋　宁波市天一阁博物馆

00211　花间集四卷　（后蜀）赵崇祚辑　（明）汤显祖评　明万历四十八年（1620）刻朱墨套印本　浙江大学图书馆

00212　新校注古本西厢记五卷　（元）王实甫撰　（明）王骥德校注汇考一卷　（明）王骥德撰　明万历四十二年（1614）王氏香雪

居刻本　绍兴图书馆

存三卷（四、五、汇考全）

00213 **弄珠楼二卷三十二出**　（明）王异撰　明武林凝瑞堂刻本　浙江
图书馆

存二十三出（一至二十三）

00214 **双冠诰二十九出**　（清）陈二白撰　稿本　宁波市天一阁博物馆

00215 **复庄今乐府选□□种□□卷总目一卷**　（清）姚燮编　**详目一卷**
张宗祥编　稿本　清姚燮批校并跋　清姚小复校并跋　张宗祥批
校并跋　浙江图书馆

存二百五十五种

00216 **红楼梦一百二十回**　（清）曹霑、高鹗撰　清乾隆五十七年（1792）
萃文书屋活字印本　清陈其泰批校并跋　杭州图书馆

00217 **初学记三十卷**　（唐）徐坚等辑　明嘉靖十三年（1534）晋府刻本
杨绍廉批校并题记　温州市图书馆

00218 **唐宋白孔六帖一百卷目录二卷**　（唐）白居易辑　（宋）孔传
续辑　明刻本　清章绶衔跋　杭州图书馆

00219 **王先生十七史蒙求二卷**　（宋）王令撰　康熙四十九年（1710）
程宗琠刻本　湖州师范学院图书馆

00220 **古今合璧事类备要前集六十九卷后集八十一卷续集五十六卷**
（宋）谢维新辑　**别集九十四卷外集六十六卷**　（宋）虞载
辑　明嘉靖三十一至三十五年（1552—1556）三衢夏相刻本
温州市图书馆

00221 **镌书言群玉要删二十卷**　（明）屠隆辑　明万历二十四年（1596）
郑世豪刻本　浙江图书馆

00222 **经史子集合纂类语三十二卷**　（明）鲁重民辑　明崇祯十七年
（1644）武林辉山堂金陵汪复初刻本　浙江图书馆

00223 **四部类稿六十四卷**　（清）陆云庆辑　清康熙爱日堂抄本　浙江
图书馆

00224 **獭祭录三十卷**　（清）李绳远辑　清乾隆抄本　清李遇孙跋　佚
名批　浙江图书馆

00225 **偶园二十四种**　（清）金安清撰　稿本　清张履勋校并跋　佚名

批　佚名题签　嘉兴市图书馆
存二种

00226　**古香堂丛书十三种三十卷**　（清）王初桐撰　清乾隆五十八年至
　　　嘉庆十二年（1793—1807）刻本　嘉兴市图书馆

00227　**香严庵杂稿八种**　（清）金蓉镜撰　稿本　嘉兴市图书馆

00228　**金石识别十二卷**　（美）代那撰　（美）玛高温口译　（清）华
　　　蘅芳笔述　清同治十一年（1872）刻江南制造局编译丛书本　周
　　　树人（鲁迅）批校　绍兴鲁迅纪念馆

第二批
（197 部）

00229　**周易象述不分卷**　（清）黄璋撰　余姚市文物保护管理所　稿本
　　　余姚市文物保护管理所

00230　**周易古义三卷附一卷**　（清）姜丹书撰　清王棻玩芳草堂抄本
　　　清王棻批校并题记　佚名题签　台州市黄岩区图书馆

00231　**周礼补亡六卷**　（元）丘葵撰　明抄本　杭州市余杭区图书馆
　　　存三卷（一、三、六）

00232　**井田图解不分卷**　（清）徐兴霖撰　清道光乃赓书屋活字印本
　　　浙江图书馆

00233　**礼记集解六十一卷**　（清）孙希旦撰　稿本　清孙锵鸣批校　温
　　　州市图书馆
　　　存三十八卷（一至十四、十八、十九、二十一至二十三、二十五
　　　至四十二、四十九）

00234　**孙氏礼记集解校注一卷**　（清）王棻注　稿本　台州市黄岩区
　　　图书馆

00235　**礼堂集义十六卷**　（清）王绍兰撰　稿本　杭州图书馆

00236　**张太史手辑左传词坛六卷**　（明）张溥撰　明崇祯刻本　佚名批
　　　中国美术学院图书馆

00237　**春秋师说三卷附录二卷**　（元）赵汸撰　元至正二十四年（1364）

休宁商山义塾刻明弘治六年（1493）高忠重修本　杭州图书馆
存三卷（一至三）

00238　经籍籑诂不分卷　（清）阮元撰　稿本　宁波市天一阁博物馆

00239　字学类辨四卷　（明）徐与稽撰　明天启元年（1621）刻本　海
宁市图书馆

00240　隶辨八卷　（清）顾蔼吉撰　清康熙五十七年（1718）项氏玉渊
堂刻本　周祖琛跋　浙江师范大学图书馆

00241　埤雅二十卷　（宋）陆佃撰　清康熙刻本　清陈其荣批校并跋
海宁市图书馆

00242　三国志六十五卷　（晋）陈寿撰　（南朝宋）裴松之注　清乾隆
四年（1739）武英殿刻二十四史本　清孙尔准校　沈衍纯题记
嘉兴市图书馆

00243　资治通鉴纲目莘观四十卷首一卷　（明）吴震元撰　明崇祯邮云
堂刻本　海宁市图书馆

00244　金陵野抄一卷附南都死难纪略一卷　（清）顾苓撰　清抄本　嘉
兴市图书馆

00245　历代帝王统系二卷　（明）夏洪基撰　明崇祯尚友斋刻本　海宁
市图书馆

00246　憨士列传不分卷　（明）屠本畯纂辑　明万历四十年（1612）人
伦堂刻本　宁波市天一阁博物馆

00247　永嘉学案不分卷　（清）孙衣言撰　稿本　温州市图书馆

00248　［浙江嘉善］曹氏族谱八卷首一卷末一卷　（清）曹鉴咸纂修
清乾隆三十年（1765）刻本　嘉善县图书馆

00249　［浙江平湖］张氏家乘十卷附录一卷　（清）张诰纂修　清乾隆
五十九年（1794）耤洲山庄刻本　清张元善题签　平湖市图书馆

00250　［浙江杭州］朱氏族谱不分卷　（清）朱世荣纂修　清同治十年
（1871）抄本　朱滑跋并过录清朱学勤跋　杭州市余杭区图书馆

00251　［浙江平湖］沈氏家乘十二卷　（清）沈问青等纂修　清雍正五
年（1727）刻本　平湖市图书馆

00252　自号录一卷别号录九卷　（宋）徐光溥撰　**别名录**　（清）葛万
里撰　清抄本　嘉兴市图书馆

00253 明遗民族祖楚屿先生家传不分卷 （清）朱衍绪撰 清同治稿本
余姚市文物保护管理所

00254 先府君述略一卷例赠太孺人显继妣林太孺人行状一卷例赠太孺人
亡母朱太孺人述一卷 （清）项傅霖撰 稿本 温州市图书馆

00255 朱子年谱四卷考异四卷 （清）王懋竑撰 附朱子论学切要语二卷
（清）王懋竑辑 清乾隆十六年（1751）王氏白田草堂刻本 清
莫棠跋 杭州图书馆

00256 陈文节公年谱一卷 （清）孙锵鸣编 稿本 温州市图书馆

00257 杜清献公年谱一卷 （清）王棻撰 清同治十三年（1874）稿本
佚名题签并记 台州市黄岩区图书馆

00258 舜水先生年谱稿不分卷 （清）朱兰撰 清光绪手稿本 余姚市
文物保护管理所

00259 黄梨洲先生年谱三卷 （清）黄炳垕撰 稿本 余姚市文物保护
管理所

00260 补读室自订年谱不分卷 （清）朱兰撰 清咸丰稿本 余姚市文
物保护管理所

00261 补读斋日记不分卷 （清）屠仲芬撰 稿本 绍兴图书馆
存清咸丰八年五月至同治十二年五月

00262 客杭日记不分卷附续记不分卷 （清）朱衍绪撰 清同治稿本
余姚市文物保护管理所
存清同治十二年七月十二日至十月初四

00263 朱镇夫先生日记不分卷 （清）朱衍绪撰 稿本 余姚市文物
保护管理所

00264 研精覃思室日钞不分卷 （清）王蜺撰 清光绪三年（1877）稿本
台州市黄岩区图书馆
存清光绪三年八月一日至十二月三十日

00265 大统平议一卷首一卷附一卷附录一卷大礼平议四卷明大礼驳议
二卷 （清）王棻撰 清光绪稿本 佚名批点 佚名批 佚名
题签并记 台州市黄岩区图书馆

00266 庙制考义一卷图一卷 （明）季本撰 明嘉靖二十五年（1546）
刻本 宁波市天一阁博物馆

00267 中外和战议十六卷 （清）王棻撰 清光绪十五年（1889）稿本
佚名题签并记 台州市黄岩区图书馆

00268 季汉官爵考二卷 （清）周广业撰 稿本 宁波市天一阁博物馆

00269 移鄞莞略不分卷 （明）王章辑 明崇祯刻本 宁波市天一阁博
物馆

00270 谏垣奏议不分卷 （明）李维樾撰 清瑞安项氏水仙庵抄本 佚
名题签、校并跋 温州市图书馆

00271 ［乾隆］余姚志四十卷 （清）唐若瀛修 （清）邵晋涵纂 清
乾隆四十六年（1781）刻本 杭州市余杭区图书馆

00272 东瓯郡县建置沿革考一卷附方国珍乱郡始末一卷 （清）叶嘉
楢撰 清孙锵鸣抄本 温州市图书馆

00273 幽溪别志十六卷 （明）释无尽传灯撰 明刻本 清杨晨题记
临海市博物馆

00274 蜀有闻八卷 （清）金之翰撰 清抄本 清李如棍跋 温州市
图书馆

00275 校录四明志征□□卷 明抄本 杭州市余杭区图书馆
存二卷（二十六、二十七）

00276 云台山志八卷首一卷末一卷 （清）崔应阶辑 清乾隆三十七年
（1772）研露楼刻本 清郁洲山人题记 平湖市图书馆

00277 校补金石例四种 （清）李瑶编 清道光十二至十三年（1832 —
1833）李瑶泥活字印本 温州市图书馆

00278 集古印谱一卷 （明）顾从德辑 明隆庆刻钤印本 清巢胜题
签并跋 浙江图书馆

00279 顾氏集古印谱四卷 （明）罗王常辑 明隆庆六年（1572）刻钤
印本 清语冰、清崖师、褚德彝、张鲁盦、叶丰题跋 西泠印
社社务委员会

00280 汉铜印丛十二卷 （清）汪启淑辑 清乾隆十七年（1752）刻钤
印本 西泠印社社务委员会

00281 古铜印丛四卷 （清）汪启淑辑 清乾隆三十一年（1766）刻钤
印本 西泠印社社务委员会

00282 汉铜印原十六卷 （清）汪启淑辑 清乾隆三十四年（1769）刻

钤印本　西泠印社社务委员会

00283 **仙居金石补一卷**　（清）王棻编　清光绪稿本　佚名题签并记
台州市黄岩区图书馆

00284 **题跋二卷**　（明）毛晋撰　清道光二十一年（1841）鸣野山房抄
本　清沈复粲校并跋　周大辅跋　浙江图书馆

00285 **新纂门目五臣音注扬子法言十卷**　（汉）杨雄撰　（晋）李轨、
（唐）柳宗元、（宋）宋咸、（宋）吴秘、（宋）司马光注　明
嘉靖十二年（1533）顾春世德堂刻六子全书本　杨绍廉批　杨宰
纲题记　温州市图书馆

00286 **老老恒言五卷**　（清）曹庭栋撰　清乾隆三十八年（1773）曹氏
刻本　嘉善县图书馆

00287 **信摭一卷**　（清）章学诚撰　清道光八年（1828）山阴沈复灿抄本
清沈复灿题签并跋　绍兴图书馆

00288 **辨章三卷**　（清）王棻撰　稿本　清孙诒让、清王棻批　清王
彦威、丁立诚观款　徐元钊校并题记　台州市黄岩区图书馆

00289 **补修宋金六家术六卷四十六家日法朔馀疆弱考一卷**　（清）李
锐撰　清抄本　清孙诒让跋　温州市图书馆

00290 **新编九章金鉴十三卷首一卷**　清抄本　何章陆跋　浙江师范大
学图书馆

00291 **扬子太玄经十卷**　（汉）扬雄撰　（明）赵如源辑注　**说玄一卷**
（宋）司马光撰　明天启六年（1626）武林书坊赵世楷刻本　清
陈撰批校　浙江图书馆

00292 **地理启玄订误粹装编二卷**　（明）范有学撰　明万历十七年
（1589）山阴陈汝元得一斋刻本　浙江图书馆

00293 **广艺舟双楫六卷**　康有为撰　清光绪十九年（1893）南海康氏万
木草堂刻本　清黄绍箕批　梅冷生题记并题签　温州市图书馆
存三卷（一至三）

00294 **圣朝名画评三卷**　（宋）刘道醇撰　明万历十八至十九年（1590—
1591）王元贞刻王氏书画苑本　杨绍廉跋　温州市图书馆

00295 **丛珠馆印谱二卷**　（明）曹一鲲篆刻　明万历刻钤印本　浙江图
书馆

00296 学山堂印谱八卷附学山记一卷学山纪游一卷学山题咏一卷
（明）张灏辑　明崇祯刻钤印本　浙江图书馆

00297 赖古堂印谱四卷　（清）周亮工辑　清康熙六年（1667）周氏赖
古堂刻钤印本　西泠印社社务委员会

00298 锦囊印林四卷　（清）汪启淑辑　清乾隆十九年（1754）汪氏香
雪亭刻钤印本　西泠印社社务委员会

00299 西京职官印录二卷　（清）徐坚辑　清乾隆十九年（1754）徐氏
刻钤印本　西泠印社社务委员会

00300 一切如来心秘密全身舍利宝箧印陀罗尼经一卷　（唐）释不空译
宋乾德三年（965）吴越国王钱俶刻本　浙江省博物馆

00301 一切如来心秘密全身舍利宝箧印陀罗尼经一卷　（唐）释不空译
宋开宝八年（975）吴越国王钱俶刻本　邹安跋　陈锡均题签
浙江图书馆

00302 一切如来心秘密全身舍利宝箧印陀罗尼经一卷　（唐）释不空译
宋开宝八年（975）吴越国王钱俶刻本　浙江省博物馆

00303 一切如来心秘密全身舍利宝箧印陀罗尼经一卷　（唐）释不空译
宋开宝八年（975）吴越国王钱俶刻本　西泠印社社务委员会

00304 禅门锻炼说一卷　（清）释戒显撰　清顺治十八年（1661）杭州
灵隐寺刻本　浙江图书馆

00305 清庵先生中和集前集三卷后集三卷　（元）李道纯撰　（元）
蔡志颐辑　明影元大德十年（1306）刻本　佚名批　杭州图书馆

00306 朱文公校昌黎先生文集四十卷外集十卷遗文一卷传一卷　（唐）
韩愈撰　（宋）朱熹考异　（宋）王伯大音释　明嘉靖十三年
（1534）建阳县刻本　杭州图书馆

00307 唐樊绍述遗文一卷　（唐）樊宗师撰　（清）张庚辑注　清乾
隆四年（1739）秀水张庚强恕斋刻本　孙峻、胡宗楙、顾柏年、
陈训正、郑功懋、戴振声、许济菜、顾颉刚跋　浙江图书馆

00308 选玉溪生诗二卷　（唐）李商隐撰　（清）姜炳璋辑注　清抄本
周退密题记并跋　佚名批校并句读圈点　浙江图书馆

00309 杜清献公集校注一卷清献集佚篇考一卷　（清）王棻、王咏霓
撰　清末稿本　佚名题签并记　台州市黄岩区图书馆

00310 秋岩诗集二卷 （元）陈宜甫撰 清翰林院抄本（四库底本） 丁
丙跋 浙江图书馆

00311 杨铁崖文集五卷史义拾遗二卷 （元）杨维桢撰 **对校存疑一卷**
（清）傅汝砺撰 清抄本 对校稿本 清孙锵鸣等校 浙江图
书馆

00312 九灵山房集三十卷 （元）戴良撰 清赵昱小山堂抄本 浙江
图书馆
存十四卷（一至十四）

00313 白云稿十一卷 （明）朱右撰 清抄本 刘诗孙校补并跋 章梫
校并跋 浙江图书馆

00314 容菴集七卷周易传义存疑一卷 （明）应大猷撰 明万历刻本
浙江图书馆

00315 玩鹿亭稿八卷 （明）万表撰 **附录一卷** 明万历鄞县万邦孚
刻本 浙江图书馆

00316 绿槐堂稿二十二卷 （明）王交撰 明隆庆五年（1571）王益荃
刻本 嘉兴市图书馆
存十卷（一至十）

00317 月峰先生居业四卷 （明）孙鑛撰 明万历刻本 余姚市文物
保护管理所

00318 月峰先生居业次编五卷 （明）孙鑛撰 明万历四十年（1612）
吕胤筠刻本 余姚市文物保护管理所

00319 初阳台燕集听琵琶赠歌者诗一卷 （明）徐象梅撰 手稿本
浙江图书馆

00320 宗伯集八十一卷 （明）冯琦撰 明万历三十五年（1607）康氏
刻本 康有为跋 浙江图书馆

00321 六欲轩初稿不分卷 （明）贺灿然撰 明刻本 平湖市图书馆

00322 倘湖手稿二十二卷 （清）来集之撰 手稿本 佚名补目录并跋
浙江图书馆
存十四卷（一至十、十九至二十二）

00323 倘湖遗稿不分卷 （清）来集之撰 稿本 清菊潭氏题记 浙江
图书馆

00324 奇零草不分卷北征录一卷浙江壬午科乡试朱卷一卷　（明）张煌言撰　张忠烈公年谱一卷　（清）全祖望辑　清光绪十三年（1887）傅子樾抄本　清傅以礼批校并跋　清周星诒跋　浙江图书馆

00325 禅悦内外合集十卷　（清）祁骏佳撰　清宁澹书屋抄本　佚名朱墨圈点并校　绍兴图书馆

00326 张子晗蕉诗文选最一卷附挽诗一卷　（清）张人纲撰　清康熙四十二年（1703）寄云堂木活字印本　佚名校点　台州市黄岩区图书馆

00327 老竹轩诗不分卷　（清）赵沈塓撰　稿本　清毛奇龄批跋　浙江图书馆

00328 射山诗钞三卷拾遗一卷　（清）陆嘉淑撰　清道光二年（1822）陶所庵抄四年管庭芬续抄本　清管庭芬校并跋　浙江图书馆

00329 二斋文集八卷　（清）胡亦堂撰　清康熙十一年（1672）刻本　宁波市图书馆

00330 安序堂文钞二十卷　（清）毛际可撰　（清）林云铭、严允肇评　清康熙刻本　清郑杰跋　浙江图书馆

00331 芥老编年诗钞九卷续钞四卷　（清）金张撰　清康熙刻本　浙江图书馆

00332 观文堂诗钞剩稿八卷　（清）金烺撰　清嘉庆十一年（1806）金氏抄本　清金照跋　朱幼溪题诗并校跋　浙江图书馆

00333 敬业堂诗集四十八卷续集六卷　（清）查慎行撰　清康熙五十八年（1719）刻本　清朱昌燕跋　海宁市图书馆

00334 青峰集不分卷　（清）章世法撰　稿本　清毛奇龄题签并记　浙江图书馆

00335 江声草堂诗集八卷　（清）金志章撰　清乾隆十九年（1754）自刻本　清叶庆垣跋　浙江图书馆

00336 游仙百咏注三卷　（清）厉鹗撰　（清）汪斌注　手稿本　管元耀题签、跋并录清管庭芬跋　浙江图书馆

00337 秋水斋诗十五卷　（清）张映斗撰　清乾隆十八年（1753）乌程张守约等刻本　浙江图书馆

00338 北墅金先生遗集一卷　（清）金淳撰　清嘉庆杭州爱日轩陆贞

一刻本　清潘菽坡、清荔红跋　浙江图书馆

00339 谦斋诗稿二卷补遗一卷　（清）曹庭枢撰　清乾隆九年（1744）曹氏刻本　嘉善县图书馆

00340 鲒埼亭集三十八卷经史问答十卷鲒埼亭集外编五十卷　（清）全祖望撰　全氏世谱一卷年谱一卷　（清）董秉纯撰　清嘉庆九年（1804）余姚史梦蛟借树山房刻同治十一年（1872）印本（《经史问答》配清乾隆三十年（1765）董秉纯刻本）　移莽仲子跋并录清严元照批校并跋　赵彦俪跋　章钰批校　张宗祥跋并录清孙志祖、严元照、李宗莲批校并跋　浙江图书馆

00341 鲒埼亭集三十八卷经史问答十卷鲒埼亭集外编五十卷　（清）全祖望撰　全氏世谱一卷年谱一卷　（清）董秉纯撰　清嘉庆九年（1804）余姚史梦蛟借树山房刻同治十一年（1872）印本（《经史问答》配清乾隆三十年（1765）董秉纯刻本）　余嘉锡跋并录清吴骞题记、评、校并跋　清孙志祖跋　清方东树题记　清颜元照批校并跋　清戴钧衡批校　清唐翰题题记　清赵彦俪跋　清萧穆题记　清章钰批校并跋　清李宗莲跋　刘国钧批　佚名批校　浙江图书馆

00342 古趣亭文集十四卷　（清）范家相撰　稿本　□寅跋　浙江图书馆存八卷（一、二、六至八、十、十三、十四）

00343 石幢居士吟稿二卷　（清）梁肯堂撰　皇清浩授荣禄大夫兵部尚书都察院右都御史漕运总督梁公墓志铭一卷　（清）吴锡麒撰　清嘉庆写刻样本　佚名批　浙江图书馆

00344 陶篁村稿不分卷　（清）陶元藻撰　清乾隆五十八年（1793）手稿本　清徐镜清、樊增祥跋　浙江图书馆

00345 桐石草堂集九卷　（清）汪仲鈖撰　清乾隆刻本　嘉兴市图书馆

00346 春雨诗钞四卷　（清）黄大龄撰　清乾隆三十年（1765）日升堂刻本　浙江图书馆

00347 远村吟稿一卷　（清）陈鉴撰　清乾隆刻本　清丁丙跋并题记丁宣之题记　浙江图书馆

00348 讷斋未定稿二卷　（清）平世增撰　稿本　浙江图书馆

00349 九曲山房诗钞十六卷　（清）宗圣垣撰　稿本　绍兴图书馆

存六卷（九、十、十三至十六）

00350 邱至山古近体诗一卷 （清）邱学勄撰 清乾隆五十八年（1793）
手稿本 浙江图书馆

00351 古槐書屋诗文稿□□卷 （清）王树英撰 稿本 清王武锡跋
浙江图书馆
存十四卷（古槐书屋古今体诗一、三，古槐书屋诗钞一至四，
云邑山水诸咏一，丽水山水诸咏一，桂一楼诗集一至四，删诗
存草一，烟霞啸客少时赋一）

00352 笠芸诗瓢十二卷 （清）周昱撰 清嘉庆十七年（1812）鲍廷博
知不足斋刻本 王修跋 浙江图书馆

00353 有正味斋骈体笺注九卷 （清）吴锡麒撰 （清）赵炳烺笺注
稿本 浙江图书馆

00354 游楚吴吟不分卷 （清）张云璈撰 稿本 王修、佚名跋 浙江
图书馆

00355 瘦吟庐诗草不分卷 （清）沈炜撰 清道光稿本 清周师濂批校
并题记 绍兴图书馆

00356 邻彭山馆诗钞四卷 （清）纪勤丽撰 稿本 绍兴图书馆

00357 菽原堂初集一卷 （清）查揆撰 稿本 浙江图书馆

00358 笠舫诗文集□□卷 （清）王衍梅撰 稿本 清陈石麟、清沈宗
信、清诸创题记 余重耀题签 浙江图书馆
存十四卷

00359 梅庵先生遗集二种二卷 （清）王维祺撰 （清）王棻编 清同
治五年（1866）稿本 清王棻、清俞樾、清王彦威题签并记 台
州市黄岩区图书馆

00360 内自讼斋古文稿十一卷 （清）周凯撰 稿本 浙江图书馆

00361 三至轩吟草一卷 （清）吴晟撰 稿本 清郑心一句读、圈点并
跋 浙江图书馆

00362 柳东先生剩稿□□卷 （清）冯登府撰 稿本 清钱泳题记 许
淳斋录佚名批校 寄园、篯轩、□沂、鲁南批 浙江图书馆
存十二卷（石经阁诗钞一至三、南埭山庄诗钞一、海月江风集
一、拜竹诗龛诗存两卷、勺园诗续集一、冷斋集一、月湖欸乃一、

竹樹词一、象山县志凡例一）

00363 艺香诗草略存一卷 （清）倪沣撰 手稿本 清倪继宽校补 王修题签并跋 浙江图书馆

00364 碧琅馆诗草二卷 （清）陈鹤撰 稿本 清张澹、清陈敏、清蔡之黁、清章安行、清魏谦升、俞德懋题记 清沈绍先、清陈治跋 清顾书升、清静涵批 浙江图书馆

00365 北山文续钞一卷诗续钞一卷 （清）姜文衡撰 （清）王棻编 清同治六年（1867）稿本 台州市黄岩区图书馆

00366 石屋文稿二卷石屋文字一卷石屋杂著一卷 （清）曹籀撰 手稿本 浙江图书馆

00367 心亨书屋存稿三卷 （清）管徵麐撰 稿本 清管庭芬跋 浙江图书馆

00368 花宜馆诗续钞一卷 （清）吴振棫撰 手稿本 浙江图书馆

00369 花宜馆文略一卷 （清）吴振棫撰 稿本 浙江图书馆

00370 小补萝屋吟稿一卷 （清）王绮撰 手稿本 孙峻、沈家璠跋 浙江图书馆

00371 桂辛山人诗稿一卷书学雅言一卷 （清）杨鼎撰 手稿本 浙江图书馆

00372 补堂遗稿一卷 （清）陶思渊撰 清陶介亭贤奕书楼抄本 王理孚跋 温州市图书馆

00373 芷湘吟稿六卷附录一卷 （清）管庭芬撰 稿本 浙江图书馆

00374 正气斋诗稿不分卷 （清）李桱撰 稿本 浙江图书馆

00375 聊复闲吟一卷 （清）管鸿儒撰 稿本 清管庭芬跋 浙江图书馆

00376 深诣斋诗钞三卷 （清）黄鏊撰 （清）王棻编 清光绪稿本 台州市黄岩区图书馆

00377 啸古堂文集四卷 （清）蒋敦复撰 稿本 清齐学裘批校 浙江图书馆

00378 嵩少山人诗草三卷 （清）吴淞撰 稿本 浙江图书馆

00379 蕴珠室诗稿不分卷 （清）吴崇俊撰 稿本 清龚自闳、清丁丙、清吴鸣岐、清吴松英跋 清解友仁题签 清阮祖棠题款 浙江

图书馆

00380 翕园诗存二卷 （清）陶在新撰 稿本 清陶濬宣批并跋 浙江图书馆

00381 梯云山馆初稿二卷 （清）周毓芳撰 稿本 清邓显鹤、清许乃普跋 清张家楫批并题记 清李石梧题签、批并跋 清谌瑶、清邵开来跋 清蒋辉、清石湘筠、清唐开韶批并跋 清宗绩辰跋 清危燨、清李联璧、清徐朝彝批并跋 清杜启昆、清峨生、清盛襄、清沈允椿、清詹雅节、清俪青跋 浙江图书馆

00382 见山楼诗草四卷 （清）张翊僎撰 手稿本 陆廷黻跋 潘景郑题记并跋 浙江图书馆

00383 迟鸿轩诗续一卷文续一卷 （清）杨岘撰 手稿本 浙江图书馆

00384 章鋆诗文稿不分卷 （清）章鋆撰 手稿本 浙江图书馆

00385 镜海楼诗稿四卷文稿一卷 （清）杨凤翰撰 稿本 清钱保塘、孙峻题记 浙江图书馆

00386 秋心废稿一卷皋庑偶存一卷淮浦闲草一卷 （清）刘履芬撰 稿本 清江湜跋 浙江图书馆

00387 劫余剩稿不分卷 （清）沈人俊撰 手稿本 清孙家桢、清季培、清蒲华跋 清曹楞、清王莱题款 清汪鸣皋、清嵇绍敏、清让卿跋 清瘦生、清晓峰题签 浙江图书馆

00388 柔桥三集十六卷 （清）王莱撰 稿本 浙江图书馆

00389 忍默恕退之斋诗钞不分卷赋草一卷试律钞一卷 （清）沈宝禾撰 稿本 清潘曾玮题词 清周清题诗 清金安澜跋 清张肇辰批并跋 浙江图书馆

00390 松梦寮稿不分卷 （清）丁丙撰 稿本 杭州图书馆

00391 霞外山人书翰一卷邮筒存检一卷 （清）平步青撰 手稿本 浙江图书馆
存一卷（邮筒存检全）

00392 来青轩诗钞三卷 （清）沈阆崑撰 稿本 清汪曰桢题款 清杨葆光跋 浙江图书馆

00393 泽雅堂诗集四卷 （清）施补华撰 手稿本 浙江图书馆

00394 泽雅堂集一卷 （清）施补华撰 稿本 樊增祥跋 浙江图书馆

00395 **梦若山房诗稿十二卷** （清）朱棪撰　稿本　清郑铃题记　浙江图书馆

00396 **湘麋馆遗墨粹存一卷** （清）陶方琦撰　稿本　樊增祥批　浙江图书馆

00397 **濮庐初稿四卷** （清）陶方琦撰　手稿本　清马赓良题记　清孙德祖题签并题记　清陶在铭、清陶在新题记　浙江图书馆

00398 **止轩集不分卷** 王继香撰　稿本　清沈景修跋　清王继毂校补　浙江图书馆

00399 **止轩文习初草四卷文蜕初草一卷** 王继香撰　稿本　清陈璚、清沈景修、清陶濬宣、鲍临题签　浙江图书馆

00400 **稺庐信稿一卷** （清）陶濬宣撰　清光绪三十四年（1908）稿本　绍兴图书馆

00401 **王风一卷** （清）丁立诚撰　清抄本　清俞樾跋　浙江图书馆

00402 **瓶酴楼诗草一卷** （清）吴文江撰　稿本　宁波市图书馆

00403 **诵芬书屋小稿四种六卷** （清）黄杞孙撰　稿本　清于源、清姚燮、清淡庵跋　清李万秋批并跋　清秦光第跋、题款并题签　清程步云跋　清孙汝成题款　清雷葆廉、清吴希庸跋　清周作镕题款　清金安澜跋　清韩仪凫题款、清戴德坚题款　清左景康跋　清郭枏题款　清桐孙、清王文镕、清樊风雷、清□其培、清柯尧植、清□裘桥、清钱□跋　清子□、清□保庸题款　清张凯题签并记　浙江图书馆

00404 **三湖诗稿一卷** （清）笪世基撰　手稿本　王绮跋　浙江图书馆

00405 **苏苑诗钞** （清）应溯颖撰　稿本　佚名题签并记　台州市黄岩区图书馆
存二种

00406 **阮亭选古诗三十二卷** （清）王士禛辑　清康熙天藜阁刻本　清王纲录董熜、朱琰评点　海宁市图书馆

00407 **大家文选二十二卷** （明）薛甲辑　明嘉靖四十四年（1565）刻本　余姚市文物保护管理所

00408 **唐十二家诗四十九卷** （明）张逊业辑　明刻本　刘祝群跋　温州市图书馆

00409 汉铙歌十八曲集解一卷　（清）谭献撰　清同治十二年（1873）稿本　陈汉章题签　浙江图书馆

00410 文粹一百卷　（宋）姚铉辑　明初刻本　杨绍廉批校　温州市图书馆
存二十八卷（二十五至二十七上、三十至五十四）

00411 大雅集八卷　（元）赖良辑　（元）杨维桢评点　清抄本　清洪颐煊校并跋　清协寅案语　佚名录黄丕烈跋　浙江图书馆

00412 明诗综一百卷　（清）朱彝尊辑　清康熙刻本　清吴骞跋　杭州图书馆

00413 江左三家沧桑诗选□□卷　陈遹声辑　稿本　诸暨市图书馆

00414 明文偶抄不分卷　（清）徐锡麟辑　稿本　徐仲荪跋　杭州图书馆

00415 沈南疑先生檇李诗系四十二卷　（清）沈季友辑　清康熙四十九年（1710）金南锳敦素堂刻本　屈㸌题记并注　嘉兴市图书馆

00416 越风三十卷　（清）商盘辑　清乾隆三十七年（1772）山阴王大治刻嘉庆十六年（1811）徐兆重修本　清李慈铭批注并跋　浙江图书馆

00417 永嘉集内编不分卷外编不分卷　（清）孙衣言辑　稿本　温州市图书馆

00418 琼麘集词选一卷　（明）唐世济撰　明崇祯十四年（1641）新都程尚刻本　浙江图书馆

00419 醉盦词别集二卷　王继香撰　稿本　清应宝时批并跋　清陈璚题签　清李慈铭、清谭献、清马赓良跋　清沈景修题签并记　清孙德祖跋　清陶方琦题记　清文悌跋　清马宝瑛观款　清陆诒经、伊立勋题记　桂坫跋　浙江图书馆

00420 新刻天下四民便览万宝全书三十二卷　（明）周文焕、周文炜辑　明周氏万卷楼刻本　嘉兴市图书馆
存三十一卷（一至二十二、二十四至三十二）

00421 王先生十七史蒙求十六卷　（宋）王令撰　清康熙四十九年（1710）海阳程宗琠刻本　嘉兴市图书馆

00422 东莱先生诗律武库十五卷后集十五卷　题（宋）吕祖谦撰　清康熙五十四年（1715）郑尚忠桃源山庄刻本　浙江图书馆

00423 说郛六十卷 （元）陶宗仪编 明抄本 清毛扆、王舟瑶跋 临海市博物馆

00424 文苑三绝 明万历四十六年（1618）刻本 杭州市余杭区图书馆 存二种

00425 焉文子三种四卷 （清）王知介撰 清初手稿本 杭州图书馆

第三批
（184 部）

00426 易发八卷 （明）董说撰 清初刻本 浙江图书馆

00427 周易象辞不分卷寻门余论二卷图学辩惑一卷 （清）黄宗炎撰 稿本 余姚市文物保护管理所

00428 尚书离句六卷 （清）钱在培辑解 清雍正厚野草堂刻本 佚名 题签 浙江图书馆

00429 周礼学一卷购洫图一卷书五省沟洫图说后一卷 （清）沈梦兰撰 清写刻样本 浙江图书馆

00430 春秋左氏古经汉义补证四卷 （清）陶方琦撰 稿本 浙江图书馆

00431 春秋传汇十二卷首一卷 （清）董汉策评 清顺治刻本 浙江图书馆

00432 春秋简融四卷 （清）胡序撰 清乾隆五十六年（1791）活字印本 嵊州市图书馆

00433 四书便蒙十九卷 （宋）朱熹撰 清侯官林氏铜活字印本 瑞安中学

00434 说经二十卷说骚一卷说文一卷 （清）韩泰青撰 清乾隆刻本 浙江图书馆

00435 说经二十六卷说庄三卷说骚一卷说文一卷 （清）韩泰青撰 清乾隆四十四年（1779）萧山韩泰青省能斋刻本 浙江图书馆

00436 韵律四卷 （清）陈本撰 清乾隆英雨书屋刻本 浙江图书馆

00437 佩韵示斯二卷 （清）吴清藻辑 清乾隆二十七年（1762）敬修堂刻本 浙江图书馆

00438 今韵三辨一卷 （清）孙同元辑 稿本 温州市图书馆

00440 辽史一百十六卷 （元）脱脱等撰 明嘉靖八年（1529）南京国
子监刻本 温州市图书馆

00441 新刻陈眉公重订通鉴会纂二十八卷通鉴总论一卷 （明）诸燮纂辑
清顺治十二年（1655）刻本 浙江图书馆

00442 辛壬寇略二卷 （清）叶蒸云撰 稿本 临海市博物馆

00443 古今南人宰相表不分卷 （清）李慈铭撰 稿本 清沈大本跋
浙江图书馆

00444 南史论赞二卷 （唐）李延寿撰 （明）项笃寿辑 明嘉禾项氏
万卷堂刻本 浙江图书馆

00439 周年世考一卷 （清）周广业撰 清抄本 浙江图书馆

00445 宋诗纪事姓氏韵编不分卷 （清）孙衣言编 清瑞安孙氏经微室
抄本 温州市图书馆

00446 刘蕺山弟子考不分卷 清末会稽董氏行余学舍抄本 绍兴图书馆

00447 袁正献公及袁氏家人事略一卷 （清）袁士杰辑 同治庚午诗文
稿一卷 清袁士杰撰 稿本 浙江图书馆

00448 黄忠端公年谱二卷 （清）黄炳垕撰 稿本 余姚市文物保护管
理所

00449 黄梨洲先生年谱稿不分卷 （清）朱兰撰 稿本 余姚市文物保
护管理所

00450 古草老人自著年谱不分卷 （清）王本撰 稿本 清商元柏跋
杭州图书馆

00451 莲衢自订年谱一卷 （清）杜联撰 稿本 绍兴图书馆

00452 自述一百韵不分卷 （清）黄炳垕撰 稿本 余姚市文物保护管
理所

00453 微波榭日记一卷 （清）周文郁撰 稿本 温州市图书馆
存清同治十二年一月一日至十一月九日

00454 映红楼日记不分卷 （清）王定祥撰 稿本 浙江图书馆
存清光绪十年至十一年

00455 孙仲彤日记不分卷 （清）孙诒绩撰 稿本 温州市图书馆
存清光绪十二年五月一日至十三年八月十二日

00456 厚庄日记汇抄不分卷　刘绍宽撰　稿本　温州市图书馆
存清光绪十四年至民国三十一年

00457 项申甫日记不分卷　（清）项崧撰　稿本　温州市图书馆
存清光绪二十二年至二十三年正月十九日

00458 颇宜茨室日记不分卷　（清）林骏撰　稿本　震叟跋　温州市
图书馆
存清光绪二十三年一月一日至三十四年十月七日

00459 东津榷舍日记不分卷　林向藜撰　稿本　温州市图书馆
存清光绪三十年三月至三十一年三月

00460 东游日记一卷　（清）黄黼撰　稿本　浙江图书馆
存清光绪三十三年三月二十一日至六月十九日

00461 师儒表一卷　（清）谭献撰　清鲍荪抄本　清鲍荪题签并跋
浙江图书馆

00462 郡志职官补正不分卷　（清）孙衣言撰　稿本　温州市图书馆

00463 东瓯张文忠公奏对稿十二卷　（明）张孚敬撰　明万历四十二年
（1614）刻本　温州市图书馆

00464 ［光绪］杭州府志二百卷首十卷末一卷　（清）龚嘉儁修
（清）李榕、吴庆坻等纂　（清）陈璚续修　（清）王棻续纂
稿本　浙江图书馆
存一百六十四卷（首九、一至三十六、三十九至四十一、四十三
至四十五、四十七至八十六、九十至一百五、一百十六至
一百七十五、一百九十六至二百）

00465 ［嘉靖］萧山县志六卷　（明）林策修　（明）张烛纂　（明）
魏堂续增　明嘉靖刻万历增修本　朱鼎煦题款　宁波市天一阁博
物馆

00466 ［嘉靖］淳安县志十七卷　（明）姚鸣鸾修　（明）余坤等纂
明嘉靖三年（1524）刻本　宁波市天一阁博物馆

00467 ［嘉靖］武康县志八卷　（明）程嗣功修　（明）骆文盛纂
明嘉靖二十九年（1550）刻本　宁波市天一阁博物馆

00468 ［嘉靖］安吉州志十六卷　（明）伍余福纂修　明嘉靖刻本
宁波市天一阁博物馆

存九卷（一至四、九至十一、十五至十六）

00469 ［嘉靖］安吉州志八卷　（明）江一麟修　（明）陈敬则纂
明嘉靖三十六年（1557）刻本　宁波市天一阁博物馆

00470 ［嘉靖］定海县志十三卷　（明）何愈修　（明）张时彻等纂修
明嘉靖四十二年（1563）刻本　宁波市天一阁博物馆

00471 ［嘉靖］象山县志十五卷　（明）毛德京修　（明）杨民彝、周
茂伯纂　清嘉靖三十五年（1556）刻隆庆增修本　朱鼎煦题记
宁波市天一阁博物馆

00472 ［成化］嵊志十卷　明抄本　宁波市天一阁博物馆
存五卷（一至五）

00473 ［光绪］新昌县志十六卷首一卷末一卷　（清）陈谧纂　清光绪
七年（1881）稿本　嵊州市图书馆
存十三卷（一至五、十至十六、末）

00474 ［弘治］衢州府志十五卷　（明）沈杰修　（明）吾㟧、吴夔
纂　明弘治十六年（1503）刻本　宁波市天一阁博物馆

00475 ［嘉靖］浦江志略八卷　（明）毛凤韶纂修　（明）王庭兰校
正　明嘉靖五年（1526）刻本　宁波市天一阁博物馆

00476 ［嘉靖］太平县志八卷　（明）曾才汉修　（明）叶良佩纂
明嘉靖刻本　宁波市天一阁博物馆

00477 ［嘉靖］太平县志八卷　（明）曾才汉修　（明）叶良佩纂
明嘉靖刻本　宁波市天一阁博物馆

00478 ［弘治］温州府志二十二卷　（明）邓淮修　（明）王瓒、蔡芳
纂　明弘治十六年（1503）刻本　宁波市天一阁博物馆

00479 ［成化］处州府志十八卷　（明）郭忠修　（明）刘宣纂　明成
化刻本　宁波市天一阁博物馆
存十一卷（一、二、五、六、九至十二、十六至十八）

00480 岭海见闻四卷　（清）钱以垲撰　清康熙刻本　浙江图书馆

00481 龙兴祥符戒坛寺志不分卷　（清）张大昌撰　稿本　余绍宋题
签并记　浙江图书馆

00482 东寿昌寺志略二卷　清康熙刻本　浙江图书馆

00483 云门显圣寺志十六卷　（清）赵甸编辑　清顺治十六年（1659）

释净斯刻乾隆增修本　浙江图书馆

00484　芦山寺志九卷　（清）释宗尚编辑　清康熙刻本　浙江图书馆

00485　洞霄宫志五卷　（清）闻人儒纂辑　清乾隆十八年（1753）贝本恒刻三十六年（1771）增修本　浙江图书馆

00486　龙山清道观志八卷首一卷　（清）刘天相编　清乾隆十二年（1747）刻本　浙江图书馆

00487　重纂文澜阁志不分卷　（清）张荫椿撰　稿本　浙江图书馆

00488　姚江书院志略二卷　清康熙三十年（1691）刻本　余姚市文物保护管理所

00489　杭俗遗风一卷　（清）范祖述撰　稿本　浙江图书馆

00490　治修河渠农田书三卷　（清）俞集撰　清乾隆五十一年（1786）兰仁书屋刻本　浙江图书馆

00491　仙岩志十卷　（明）李灿箕撰　明崇祯六年（1633）刻本　温州市图书馆

00492　东湖记一卷　陶浚宣撰　稿本　浙江图书馆

00493　古铜印选不分卷　（清）姚观光藏　清钤印本　清姚燮、王蜺题签并记　浙江图书馆

00494　后飞鸿堂印辑三卷　汪厚昌辑并注　清光绪三十年（1904）稿本　清胡义赞批并题记　浙江图书馆

00495　双王鍅斋集古鍅印不分卷　邹安辑　稿本　褚德彝、赵不骞题记　浙江图书馆

00496　群书斠识初稿不分卷　（清）平步青撰　稿本　雪扶题记　浙江图书馆

00497　校雠之学一卷　陶浚宣撰　稿本　浙江图书馆

00498　结一庐书目四卷　（清）朱学勤藏并编　稿本　清高世异题签　宁波市图书馆

00499　安越堂所刻书总目不分卷　（清）平步青撰　稿本　浙江图书馆

00500　弘道录二十五卷　（明）邵经邦撰　清康熙继善堂刻本　浙江图书馆

00501　冯氏锦囊秘录　（清）冯兆张编　清康熙四十一年（1702）刻本　浙江中医药大学图书馆

00502 **盘珠集□□卷** （清）施雯、严洁、洪炜撰 清嘉庆九年（1804）
雪香书屋木活字印本 绍兴图书馆
存十五卷（得配本草卷一至十、胎产症治卷一至三、虚损启微
卷一、二）

00503 **脉诀筌蹄一卷** （清）吴姓选 清康熙五十五年（1716）可继堂
刻本 浙江中医药大学图书馆

00504 **新镌陶节庵家藏秘授伤寒六书六卷** （明）陶华撰 明万历四十
年（1612）李存济刻本 浙江中医药大学图书馆

00505 **全幼心鉴四卷** （明）寇平撰 明刻本 浙江中医药大学图书馆

00506 **邵兰荪医案真迹** （清）邵兰荪撰 稿本 浙江中医药大学图书馆

00507 **周氏医案一卷** （清）周家驹撰 清光绪十九年（1893）抄本
浙江中医药大学图书馆

00508 **永宇溪庄识略六卷首一卷续识略一卷** （清）曹庭栋撰 清乾
隆三十年（1765）刻本 嘉善县图书馆

00509 **霞西过眼录八卷** （清）沈复粲撰 清末抄本 绍兴图书馆
存四卷（浙中一卷、江右一卷、南中一卷、志事随札一卷）

00510 **霞西过眼录八卷** （清）沈复粲撰 清光绪会稽董氏行余学舍
抄本 绍兴图书馆
存三卷（浙中一卷、江右一卷、绍兴志料一卷）

00511 **海日楼札记一卷** （清）孙锵鸣撰 稿本 温州市图书馆

00512 **吕庐老人篆文小品一卷** （清）王同书 稿本 王绮题签 浙江
图书馆

00513 **篑喜庐杂钞不分卷** （清）傅云龙撰 稿本 浙江图书馆

00514 **杞人草一卷** （清）王抱一撰 稿本 杭州图书馆

00515 **暗然书屋丛刊稿不分卷** （清）王吉元撰 稿本 浙江图书馆

00516 **慈佩轩训语一卷类稿不分卷** （清）许德裕撰 稿本 浙江图
书馆

00517 **小螺盦病榻忆语不分卷** （清）孙道乾撰 稿本 浙江图书馆

00518 **推背图说不分卷** 题（唐）袁天罡撰 （唐）李淳风注 清彩
绘本 杭州图书馆

00519 **阴阳二宅全书十二卷** （清）姚廷銮辑 清乾隆十九年（1754）

姚氏片山书楼刻本　台州学院图书馆

00520 阳宅合法全书二卷　（清）雷行参订　清乾隆二十八年（1763）
双溪雷行刻本　浙江图书馆

00521 橘中秘四卷　（明）朱晋桢撰　明崇祯五年（1632）刻本　浙江
图书馆
存二卷（一、二）

00522 百寿图印章屏　（明）文彭、何震、程邃篆刻　（清）丁敬、
黄易、陈鸿寿摹补　清钤印本　清张廷济题签、记并跋，佚名
题签　浙江图书馆

00523 印隽四卷　（明）梁袠篆　（明）吴彬校　明万历三十八年（1610）
刻钤印本　清顾海跋，清李蕙、清周星诒、清薛令闻、周熹寅题记，
许荣勋题签并录清周亮工跋并题记　浙江图书馆

00524 史印一卷题词一卷　（清）童昌龄篆刻　清康熙香溪童氏刻钤
印本　浙江图书馆

00525 我娱斋摹印一卷印述一卷印辨一卷　（清）高积厚镌　印述印
辨（清）高积厚撰　清乾隆二十一年（1756）武林高氏我娱斋刻
蓝印钤印本　浙江图书馆

00526 地山印稿不分卷　（清）金镠篆刻　清乾隆二十八年（1763）钤
印本　浙江图书馆

00527 碧玉壶印存不分卷　（清）蔡鸿鉴辑　清钤印本　清蔡和霁跋
浙江图书馆

00528 蜀汉诸葛武侯玉印　清 印本　清贾芝房、清瑞清、清仲湘、清
郑淇、童大年题跋　韩登安题签并记　浙江图书馆

00529 云根石天然图书谱一卷　（清）齐召南撰　清乾隆台山书屋刻本
临海市博物馆

00530 十住毗婆沙论十七卷　（后秦）释鸠摩罗什译　元至元杭州路
余杭大普宁寺刻普宁藏本　杭州图书馆
存一卷（五）

00531 大方广圆觉修多罗了义经集注二卷　（宋）释元粹集注　明云
栖寺刻本　杭州图书馆

00532 注华严法界观门一卷　（唐）释宗密注　明云栖寺刻本　杭州

图书馆

00533 **罗昭谏集八卷** （唐）罗隐撰　清康熙九年（1670）刻本　缙云
县图书馆

00534 **正献公遗文钞二卷** （宋）袁燮撰　清烟屿楼抄本　清徐时栋
校并题跋　浙江图书馆

00535 **袁正献公遗文补抄不分卷** （宋）袁燮撰　（清）袁士杰辑
清烟屿楼抄本　清徐时栋批校　浙江图书馆

00536 **道园学古录五十卷** （元）虞集撰　元刻本　浙江图书馆
存二卷（十九、二十）

00537 **金华黄先生文集四十三卷** （元）黄溍撰　清写刻样本　浙江
图书馆

00538 **安雅堂集十三卷** （元）陈旅撰　清瑞安孙氏玉海楼抄本
温州市图书馆

00539 **不系舟渔集十五卷** （元）陈高撰　**附录一卷**　（元）揭汯撰
清孙诒让述旧斋抄本　清孙衣言、清孙锵鸣校，清孙诒让校并
题记　温州市图书馆

00540 **全归集七卷** （元）张庸撰　清抄本　浙江图书馆

00541 **白香集五卷** （明）沈行撰　明末写刻样本　杭州图书馆
存一卷（一）

00542 **石田稿三卷** （明）沈周撰　明弘治十六年（1503）黄淮集义堂
刻本　嵊州市图书馆

00543 **二谷山人近稿十卷** （明）侯一元撰　明万历刻本　温州市图
书馆
存九卷（一至五、七至十）

00544 **歌宜室集十六卷** （明）柯荣撰　明崇祯刻本　温州市图书馆

00545 **玩鹿亭稿八卷** （明）万表撰　（明）万达甫编　**附录一卷**
（明）罗洪先等撰　明万历鄞县万邦孚刻本　浙江图书馆

00546 **匊庵文选二十八卷** （清）李象坤撰　（清）韩秋岩辑　清瑞
安孙氏玉海楼抄本　清孙衣言批　温州市图书馆

00547 **名山藏初集二卷首一卷** （清）齐周华撰　清乾隆二十六年
（1761）寄生草堂刻本　临海市博物馆

00548 澹庐仅存集不分卷　（清）王治皞撰　（清）王定祥辑
澹庐集附录一卷　清王定祥辑　稿本　鉴沙跋　浙江图书馆

00549 拙斋集五卷　（清）朱奇龄撰　清康熙介堂刻本　浙江图书馆
存四卷（一至四）

00550 有怀堂文集四卷　（清）王道宁撰　清康熙五十年（1711）刻本
浙江图书馆

00551 集虚斋学古文十卷附离骚经解略一卷　（清）方烋如撰　清乾
隆方超然刻本　遂昌县图书馆

00552 蓉林笔抄四卷　（清）何子祥撰　清乾隆刻本　温州市图书馆

00553 璞存诗稿一卷　（清）吴燫文撰　稿本　浙江图书馆

00554 冯兼山先生文集一卷　（清）冯大位撰　稿本　浙江图书馆

00555 屏守斋遗稿四卷　（清）姚世钰撰　清乾隆刻本　浙江图书馆

00556 么弦独语一卷　（清）曹大经撰　稿本　董寿慈题记　浙江图
书馆

00557 秋槎诗钞五卷　（清）孙大濩撰　清乾隆六十年（1795）刻本
浙江图书馆

00558 孙宇台集四十卷　（清）孙治撰　清康熙二十三年（1684）孙孝
桢刻本　清复蜚批点　清樊山鲜民题记　浙江图书馆

00559 连枝图题咏初集一卷次集一卷　（清）许承基辑　清乾隆三十一
年（1766）武林许承基刻本　浙江图书馆

00560 孙琴西诗文稿不分卷　（清）孙衣言撰　稿本　温州市图书馆

00561 逊学斋文稿一卷　（清）孙衣言撰　稿本　温州市图书馆

00562 马鞍山人诗草不分卷　（清）苏椿撰　清道光稿本　温州市图
书馆

00563 焚余偶存草不分卷　（清）黄炳垕撰　清抄本　余姚市文物
保护管理所

00564 宫同苏馆文钞不分卷　（清）金安清撰　清同治稿本　嘉善县
图书馆

00565 小匏庵诗草不分卷　（清）吴仰贤撰　稿本　嘉善县图书馆

00566 石门山房赋钞一卷　（清）端木百禄撰　稿本　温州市图书馆

00567 正谊堂文集二十四卷　（清）董沛撰　稿本　浙江图书馆

存八卷（九至十一、十四至十六、十八、十九）

00568 诗稿一卷 （清）王金铦撰 稿本 清汪芑批并跋 杭州图书馆

00569 招隐山房诗草不分卷 （清）戴启文撰 稿本 清戴鼎元、清陈世焜、清吕珣题跋 浙江图书馆

00570 映红楼诗稿不分卷 （清）王定祥撰 稿本 清范当世、清李安、清铭盘题款 浙江图书馆

00571 兰修唅馆初稿不分卷 （清）张金圻撰 稿本 清张金钧题诗 浙江图书馆

00572 縠音吟馆诗稿十卷 （清）张金圻撰 稿本 清姚光宇题跋 清徐圆成题款 佚名题诗 浙江图书馆
存七卷（一至七）

00573 二百八十峰诗屋近体未定稿不分卷 （清）朱衍绪撰 清同治七年（1868）稿本 余姚市文物保护管理所

00574 蕉雨山房录本不分卷 （清）丁尧臣撰 稿本 清媿盦题记 浙江图书馆

00575 林泉杂兴一卷 （清）范广誉撰 稿本 浙江图书馆

00576 拳石山房文钞不分卷 （清）袁昌图撰 稿本 浙江图书馆

00577 愍棠剩墨不分卷 （清）鲁燮光撰 清抄本 清王晋题跋 清鸿逵批 浙江图书馆

00578 玉芝仙馆骈体文近稿一卷 （清）曹廉锷撰 稿本 嘉善县图书馆

00579 双桥草堂诗稿不分卷 （清）曹廉锷撰 清咸丰稿本 嘉善县图书馆

00580 四大家文选八卷 （明）孙矿评选 明末刻本 浙江图书馆

00581 四六法海十二卷 （明）王志坚辑 明天启七年（1627）刻本 佚名批跋 杭州图书馆

00582 唐人万首绝句选七卷 （清）王士禛辑 清雍正十年（1732）刻本 缙云县图书馆

00583 忠义集七卷 （元）赵景良辑 明末毛氏汲古阁刻本 温州市图书馆

00584 玉介园附集□卷 （明）王光美等撰 清瑞安孙氏玉海楼抄本

温州市图书馆

存十四卷

00585 **游仙集咏不分卷** 清曹廉锷抄本 嘉善县图书馆

00586 **国朝姚江诗存十二卷** （清）张廷枚辑 清乾隆三十八年（1773）
宝墨斋刻本 余姚市文物保护管理所

00587 **国朝姚江诗存续编十二卷** （清）张廷枚辑 清抄本 余姚市
文物保护管理所

存五卷（一至五）

00588 **越中闺秀诗二卷** 清末会稽董氏行余学舍抄本 绍兴图书馆

00589 **剡西长乐钱氏诗存七卷** （清）钱春波等辑 清光绪十年（1884）
庆系堂活字本 嵊州市图书馆

00590 **剡西长乐钱氏诗存七卷** （清）钱春波等辑 清光绪十年（1884）
庆系堂活字本 嵊州市图书馆

00591 **东阳历朝诗九卷** （清）董肇勋辑 清康熙董氏寓书室刻乾隆五
十三年（1788）学耨堂印本 缙云县图书馆

00592 **逊业堂遗稿二卷** （清）叶英元撰 管世骏校 **兰坪遗著一卷**
（清）叶露光撰 清叶英元辑 管世骏校 稿本 浙江图书馆

00593 **沈氏诗文日记不分卷** （清）沈鏳等撰 稿本 浙江图书馆

00594 **阁巷陈氏清颖一源二卷** （元）裴廈编 清瑞安孙氏玉海楼抄本
温州市图书馆

00595 **月泉诗派不分卷** （明）李阶辑 清同治九年（1870）瑞安孙锵
鸣海日楼抄本 清孙锵鸣批校并跋 温州市图书馆

00596 **养素居集存一卷诗集存一卷白华庵劫余诗草一卷** （清）董涵、
董棨撰 （清）董念棻辑 稿本 浙江图书馆

00597 **鹤阳谢氏家集十卷** （清）谢梦览补辑 清瑞安孙氏玉海楼抄本
温州市图书馆

00598 **鹤阳谢氏家集六卷** （清）谢梦览补辑 清瑞安孙锵鸣海日楼
抄本 清孙锵鸣校并跋 温州市图书馆

00599 **借庵诗一卷** （清）童钰等撰 清乾隆刻本 佚名跋 绍兴图
书馆

00600 **耐亭酬唱集一卷** （清）袁鼎撰辑 稿本 吕承恩等题词

浙江图书馆

00601 **素行轩注有正味斋尺牍一卷** （清）吴锡麒撰　何灿注　稿本
浙江图书馆

00602 **涧琴词学一卷** （清）李饮冰撰　（清）林露评　清乾隆稿本
温州市图书馆

00603 **七十二行花馆诗余一卷** （清）汪守愚撰　稿本　清邵曰濂题款，
管昌俊、清沈景修、清王景曾、清袁师鳌题记　浙江图书馆

00604 **花信楼词稿一卷** （清）洪炳文撰　清光绪稿本　温州市图书馆

00605 **新刻批评绣像后西游记四十回** （清）天花才子评点　清乾隆四
十八年（1783）金阊书业堂刻本　宁波市图书馆

00606 **北堂书钞一百六十卷** （唐）虞世南辑　（明）陈禹谟补注　明
万历二十八年（1600）陈禹谟刻本　清孙诒让校　温州市图书馆

00607 **新增说文韵府群玉二十卷** （宋）阴时夫辑　（宋）阴中夫注
元刻本　潘景郑等跋　杭州图书馆
存一卷（三）

00608 **集珍楼偶钞十二卷** 清道光十八至十九年（1838—1839）梦仙抄本
绍兴图书馆

00609 **图书府（存二十三种）** 刘承幹编　刘氏嘉业堂汇订明清刻本
浙江图书馆

附件7：浙江省古籍普查跟班培训计划

应各市县古籍普查的需求，为提高各市县一线普查员的实际操作能力，省古籍保护中心特制定跟班培训计划如下：

一、培训人员条件

1. 必须是各单位一线普查员；
2. 培训结束后要继续从事普查工作。

二、培训人数及时间

每月一般接收 2 到 4 名培训人员。培训时间一般为 15 天左右。

三、培训人员管理及食宿安排

张素梅负责培训人员培训期间的管理，食宿安排在孤山分馆。

四、培训指导老师及要求

培训指导老师应具有丰富的理论与实践经验，一般要求从事普查工作 2 年以上者方可担任指导老师一职。省古籍保护中心有一批经验丰富的普查员，张素梅、刘瑛、杜惠芳、芦继雯、周会会、谢凯、陈谊、曹海花、周聿丹、秦华英等，均可承担培训辅导工作，视具体情况安排，一般一名辅导老师一次带 1 到 2 名学员。

培训指导老师要认真负责，系统讲解相关专业知识，并做好答疑解惑工作，敦促学员抓紧时间学习实践，切实提高学员的理论与实践操作水平。

培训结束时指导老师应根据学员实践情况认真填写学员档案表。

四、培训教学内容

1. 前期由张素梅进行半天的古籍基础知识和普查基础的培训。

2. 基础培训后，由普查指导老师进行古籍基础知识强化、普查项目著录细则及书影拍摄技巧的培训，着力增强培训人员的普查实战能力。

（1）强化讲授与古籍普查有关的古籍基础知识，如古籍版本与分类、钤印、装帧形式辨识、丛书与丛书零种的判别、甲子纪年、避讳字、相关工具书查找方法等等。

（2）全面系统讲解古籍普查平台著录项目如索书号、分类、题名卷数、著者、卷数统计、版本、版式、装帧、装具、序跋、刻工、批校题跋、钤印、丛书子目、定级、定损、综合附注等 17 大项 74 小项的要求，特别要求讲解古籍普查信息登记时常见的错误，减少学员出错的机率。

（3）丛书、方志、家谱著录与平台常规著录有所不同，应单独予以讲解。

（4）讲解普查平台书影的拍摄、截取、上传等知识，并进行实践操作演示。

3. 培训人员普查著录的数据，及时交由普查数据审核老师进行审核，对出现的问题及时予以反馈。

浙江省古籍保护中心

2013 年 12 月 10 日

附件8：浙江省古籍普查员名单

单 位		人 数	名 单（排名不分先后）
省级	浙江图书馆	35	徐晓军；童正伦；童圣江；周会会；谢 凯；杜惠芳；芦继雯；张 群；周聿丹；张素梅；王巨安；刘 瑛；陈 谊；曹海花；秦华英；王皓浩；吴 爽；苏立峰；沙文婷；董继红；沈雅君；谢 雷；郑宗南；褚 均；王 敏；吕 芳；李 亚；章晓云；薛世良；杜远东；陈小诗；樊 迪；张 丹；张 瑶；杨 帆
	浙江大学图书馆	30	高 明；程惠新；高 艳；郑 颖；邹爱芳；胡葛福；韩秀丽；杜远东；吴晶晶；李 洁；陈珲夏；邵 蕊；金佳丽；薛世良；邹杭琳；何梦烨；苏丹丹；庄君娟；刘佳雯；龚文佳；王鹏飞；竺妍芸；白海霞；许潇洒；宋春香；陈旭咪；来鑫楠；桂 峰；李隽函；袁维洁
	浙江中医药大学图书馆	126	2	胡美君；胡春健
	中国美术学院图书馆		42	刘涟涟；牛筱桔；张 真；周 丛；王汇青；吴 菁；宋华南；徐 俊；刘 越；杨姝媛；季 方；张怡忱；王怡杭；陈丽莎；厉 伊；吕梦静；刘志方；郭浩南；邓园皎；杨志刚；陆天嘉；寇洪闻；范浩远；李 拓；唐顺瑶；蔡春盈；郝秋凯；潘春艳；杨可涵；何健欣；杨尹如；杨文丽；赖明芳；陈岱为；林国伟；温旭盈；严辛夷；朱徐超；张晶莹；应祎晨；陈帆帆；王梦珍
	浙江师范大学图书馆	4	孙巧云；刘应芳；刘瑟玲；卢 杭
	杭州师范大学图书馆	3	范玉红；张 颖；刘 敏
	浙江省博物馆	5	陈翌伟；袁 圆；金菊园；占 翀；冯泽洲
	浙江省中医药研究院	5	王水远；李 健；江凌圳；王 英；李晓寅

单　位		人　数	名　单（排名不分先后）
杭州	杭州图书馆	6	仇家京；赵　凌；彭喜双；沈　静；金新秀；杨苗发
	杭州市萧山区图书馆	2	刘　冰；马观飞
	杭州市余杭区图书馆	5	卫　芳；韦莲莲；宋　琦；吴　丹；沈雅雯
	桐庐县图书馆	2	王燕青；朱建云
	建德市图书馆	2	柯孟山；吴向华
	富阳市图书馆	1	董喜萍
	临安市图书馆	1	阮　媛
	西泠印社社务委员会	3	邓　京；刘　瑜；赵杭波
	淳安县图书馆	3	王木香；余荣娜；李莉芳
	萧山博物馆	1	蔡敏芳
宁波	宁波市图书馆	9	干亦铃；汪　岚；陈伟萍；竺叶芬；陈英浩；周宝灵；刘佳敏；孔斓颖；戎　维
	宁波市天一阁博物馆	21	饶国庆；周慧惠；袁　慧；李开升；刘　云；屠建达；卢向阳；李　齐；黄　萍；周诗雯；李　倩；乌莹君；程　寅；肖莎莎；池雅静；吕　欢；肖迪文；赵军莲；王晓辉；陈婧文；孙敏山
	宁波市北仑区图书馆	2	段忠花；乐春燕
	宁波市鄞州区图书馆	3	胡晓群；钟圆圆；陈　晔
	慈溪图书馆	2	应燕娜；陈王勤
	余姚市文物保护管理所	11	谢向杰；马晓红；朱　赟；戴秋羽；李小仙；翁桑焕；何曙春；陈王勤；许献明；施玲迪；黄银春
	奉化市文物保护管理所	6	李　伟；毛迪凯；方　一；周瑜佳；闻　聪；王　妩
	宁波市镇海区文物保护管理所	7	吴　波；吴锋钢；虞永杰；李根员；王艳波；曲　江；张益敏
	宁波市档案馆	1	林　爱

单位		人数	名单（排名不分先后）
温州	温州市图书馆	13	王 妍；王 昀；陈瑾渊；王 昉；潘猛补；陈瑞赞；高丰苗；陈伟玲；吴 慧；夏静飞；邵鸯鸯；王林琳；潘莉莉
	温州大学图书馆	4	陈太洋；刘素艳；周汝英；夏邦水
	瑞安中学	1	陈伟玲
	瑞安市博物馆	14	詹晓丽；葛雅婷；吴仁伟；林 璐；郑朦朦；杨朝洋；林传壹；庄程剑；谢文亮；阮振伟；余刘缙；贾海波；王 亮；陈 奇
	温州博物馆	1	谢作拳
	平阳县图书馆	2	赵 丹；谢尚优
	苍南县图书馆	1	洪振允
	文成县图书馆	1	胡海珍
	泰顺县图书馆	2	王翠娜；邱杨健
	平阳县档案馆	1	赵 丹
嘉兴	嘉兴市图书馆	6	沈秋燕；丁娴明；周均海；张 莉；吴莉莉；冯 瑜
	海宁市图书馆	4	朱 鸿；周芸燕；王建江；陆 琴
	平湖市图书馆	9	沈众英；刘引珠；朱 铮；蒋 斌；沈 芳；方 彭；唐丽霞；严亦容；秦晓杰
	嘉善县图书馆	5	金佳萍；许海燕；范怡玲；浦颖颖；王雪娟
	张元济图书馆	2	宋 兵；王美萍
	桐乡市图书馆	1	顾钟梅
	平湖市博物馆	2	田 敏；朱敏敏
	海盐县博物馆	2	印一如；黄云亚
	平湖市莫氏庄园陈列馆	1	范婷婷

（温州人数合计 40，嘉兴人数合计 32）

单　位		人　数	名　单（排名不分先后）
湖州	湖州师范学院图书馆	2	张银龙；祝玉芳
	德清县博物馆	2	沈松琴；朱佳飞
	安吉县博物馆	7	周意群；张秋华；江　玘；马海鹰；章诚路；沈林霞；陈丽筠
	湖州市博物馆	3	金媛媛；顾佳琴；沈　洁
	湖州市图书馆	2	范国荣；潘希荣
	长兴县博物馆	2	金　舒；李玉富
	长兴县图书馆	2	金　舒；李玉富
绍兴	绍兴图书馆	10	唐　微；丁　瑛；倪海青；韩如凤；包瑜萍；施婧娴；王　静；吴春宏；许武智；沈钊亮
	上虞市图书馆	4	章雨蕾；杜　晋；葛晓燕；陈芳芳
	诸暨市图书馆	3	张　阳；王　沁；郦　圆
	嵊州市图书馆	2	邢洁媛；高菱忆
	绍兴文理学院图书馆	4	钱　斌；许经纬；骆　楠；贾超艳
	绍兴一中图书馆	2	张　蕾；费　艳
	绍兴市文管会	1	陈　娟
	新昌县图书馆	2	王炎南；倪苏珍
	绍兴县图书馆	1	唐　微
	绍兴鲁迅纪念馆	7	谢永兴；徐晓光；赵国华；骆　婷；颜丹琼；孙　蓝；曹圣燕

湖州合计20；绍兴合计36

单 位		人 数	名 单（排名不分先后）
金华	义乌市图书馆	2	丁小明；王丽珍
	东阳博物馆	9	楼天良；傅燕芳；蔡栋栋；卢淑珍；吕海萍；蒋姗姗；韦倩莹；朱杨晓；陈 晨
	武义县图书馆	3	陈卓辉；舒 璟；沈嫦娟
	浦江县图书馆	6	项红阳；陈 蓉；王夏旎；郑爽静；张晓锋；傅松彪
	磐安县图书馆	3	严乐乐；吴小丫；王朝生
	东阳市图书馆	2	沈新军；胡跃辉
	兰溪市第一中学	1	戴旭亮
	兰溪市博物馆	7	郑建明；周菊青；戴旭亮；张旭晖；陈 茜；喻 芳；诸葛小琴
	金华市博物馆	5	朱 颖；郦 琰；吕沅泽；祝碧莲；付燕翠
	永康市第一中学	1	方杏仙
		39	
衢州	衢州市博物馆	4	程 勤；毛 慧；赵文慧；徐云良
	常山县图书馆	2	栾爱华；徐 衎
	开化县图书馆	2	刘 彬；丁静如
	江山市图书馆	1	王冬琴
		9	
舟山	舟山市图书馆	1	王灵剑
	舟山市博物馆	1	李祥宇
		2	
台州	台州市黄岩区图书馆	3	王 芸；金悠悠；樊 迪
	仙居县图书馆	3	蒋恩智；范忠民；郭柳佩
	台州学院图书馆	1	夏哲尧
	温岭中学图书馆	1	林 慧
	临海市博物馆	9	王海波；朱 波；邓 峰；吴寒婷；胡一丽；罗伟霞；王 俏；林姗姗；陈丹丹
	天台图书馆	3	王水球；陈慧斐；夏哲尧
	温岭市图书馆	6	丁攀华；林君丽；朱勤勤；蔡可为；蒋晨红；陈奇荣
	临海市图书馆	7	杨米周；李适焱；蔡剑周；王爱萍；章云丹；姚晓锋；黄伟瑛
		33	

单　位		人　数		名　单（排名不分先后）
丽水	丽水市图书馆	19	2	江永强；雷红梅
	青田县图书馆		1	周萍萍
	缙云县图书馆		4	钭伟明；金梦凡；陆芝佳；胡伟萍
	遂昌图书馆		2	王晓红；叶　飙
	松阳县图书馆		1	黄莺歌
	云和县图书馆		3	潘丽敏；梅和娟；林　蕴
	庆元县图书馆		3	吴祥锦；蔡红梅；张　虹
	龙泉市图书馆		3	吴　婷；田　丰；王剑伟
合计		444		

251